残りごはんでおいしい♪

ホームベーカリーで
もっちりふわふわ ごはんパン

村田裕子

二見書房

Contents

- 6 　基本のもっちり食パンで
　　　ごはんパンの作り方を
　　　紹介しましょう

- 8 　材料や配合を変えると
　　　いろいろな食パンが楽しめます
　　　リッチ食パン　デニッシュ風食パン
　　　フランス食パン　ミルキー食パン

- 10　材料と計量について

PART 1
食事にぴったりの
毎日ごはんパン

- 12　黒糖ごはんパン
- 13　レーズンごはんパン
- 14　くるみごはんパン
- 15　きな粉ごはんパン
- 16　メープルごはんパン
　　　ハニーごはんパン
- 18　コーヒーごはんパン
- 19　ココアマーブルごはんパン
- 20　セサミごはんパン
- 21　玄米豆乳ごはんパン
　　　十五穀入りごはんパン
- 22　かぼちゃごはんパン
　　　にんじんごはんパン

- 23　コーンチーズごはんパン
- 24　桜えびとねぎのごはんパン
- 25　わかめと枝豆のごはんパン
　　　ゆかりじゃこごはんパン
- 26　ベーコンカレーごはんパン
- 27　トマトハーブごはんパン

PART 2
おやつにぴったり
甘いごはんパン

- 30　干し柿のごはんパン
- 32　さつまいもの黒糖ごはんパン
- 33　練りごまとココナッツミルクのごはんパン
　　　栗の抹茶ごはんパン
- 34　しょうがとはちみつのごはんパン
　　　よもぎとうぐいす豆のごはんパン
- 35　そば粉のみそごはんパン
- 36　バナナごはんパン
- 38　ホワイトチョコのレモンごはんパン
- 39　キャラメルごはんパン
　　　ダブルチョコごはんパン
- 40　でかメロンごはんパン
- 41　ロイヤルミルクティーごはんパン
- 42　ごはん入りパネトーネ

PART 3
形をひとひねりした アレンジごはんパン

ロールタイプ

- 46 いちごジャムのロールごはんパン
- 48 アップルシナモンロールごはんパン
- 49 ブルーベリークリームチーズロールごはんパン
- 50 のりチーズロールごはんパン
- 51 ハムマスタードロールごはんパン
- 52 オリーブアンチョビロールごはんパン
- 53 松の実と練りごまのロールごはんパン

ちぎりタイプ

- 54 桜あんちぎりごはんパン
- 56 ツナコーンちぎりごはんパン
- 57 ウインナーロールちぎりごはんパン
- 58 ピロシキ風ちぎりごはんパン
- 59 モンキーごはんパン
- 60 3色ミックスちぎりごはんパン

デニッシュタイプ

- 62 チョコレートデニッシュごはんパン
- 64 バターデニッシュごはんパン
  オレンジデニッシュごはんパン
- 66 ペッパーデニッシュごはんパン

PART 4
こねだけおまかせ 成形ごはんパン

- 68 もっちりバターロール
- 70 ごはん入りポンデケージョ
- 71 もちもちベーグル
- 72 もっちり豚まん
- 73 蒸しごはんパン
- 74 ごはんピザ
- 76 ふわふわフォカッチャ
- 77 もちもちチーズカルツォーネ
- 78 もっちりドーナッツ

Column

- 28 残った ごはんパンを おいしく食べるためのお話
- 44 ごはんパンについての素朴なギモン

ごはんを入れたパンは

もっちり、ふわふわ！

ホームベーカリーで楽しむ

新しいパンの提案です！

米粉でパンが作れるんだったら、
炊いたごはんをパン生地に練り込んでみたら？
そう思って作ってみたのが始まりでした。
最初は半信半疑でしたが、予想をはるかに上回るおいしさ！
小麦粉だけのパンよりも、もちもち、ふわふわ、そしてしっとり。
自然な甘みがやさしく、腹持ちがよいのもごはんのおかげ。
ごはんと小麦粉のバランスを探り、おいしさを追求していけばいくほど、
今まで出合ったことのない、ごはんパンのおいしさに夢中になりました。
そして考え出したレシピはなんと 64 種類！
ごはんなら、どこの家庭にも、いつでもあるものですし、
お茶碗 1 杯分残しておけば OK。
しかも、パン作りはホームベーカリーにすべておまかせ。
材料を入れて、スイッチを押すだけで
手軽に、おいしくて安心できるごはんパンがどんどん焼き上がります。
この楽しさ、ぜひ味わってみてください！

村田裕子

基本のもっちり食パン、作り方は次のページへ

基本のもっちり食パンで
ごはんパンの作り方を
紹介しましょう

1斤に入っているごはんは、たっぷり茶碗1杯分！
見た目は変わらなくても驚くほどもっちり、
ふわふわのごはんパンは、
今までのホームベーカリーレシピと
ほぼ同じ手順で作れます。
ごはんはさましたものを使うことがポイント！

材料
A
- ごはん（さましたもの）…150g（茶碗1杯分）
- 強力粉…200g
- 砂糖…15g
- 塩…5g
- バター…15g
- スキムミルク…6g
- 水…100g（100mℓ）

インスタントドライイースト…3g

1 羽根をセットする
パンケースに、パン羽根をセットする。うっかり忘れないように。

2 材料を入れる
パンケースにAの材料を入れ、ホームベーカリー本体にセットして中ぶたを閉める。ごはんが固まっているときは、分量の水でほぐして入れるといい。

3 イーストを入れる
イースト容器にドライイーストを入れ、上ぶたを閉める。イーストがこぼれるので、入れてから中ぶたは開けないこと。

4 スイッチオン
「ドライイースト」コース、「食パン」メニューを選び、スタートボタンを押す。機種によって表示は違うが、焼き上がりまで4時間程度かかる最もベーシックな食パンコースを利用する。

ごはんを玄米に替えても！
ごはんを玄米に替えると、素朴で独特の香ばしい味わいになります。その場合も、必ず炊き上がってさましたものを使うこと。少量を炊くのが大変な場合は、電子レンジ加熱で食べられるパックのものを利用すると、手軽です。

イースト自動投入機能がないホームベーカリーでは？
他の材料といっしょにパンケースに入れてかまいませんが、イーストは液体にふれると発酵し始め、塩にふれると発酵が鈍ります。そのため、先に強力粉以外の材料をパンケースに入れ、次に強力粉、その上にドライイーストをのせて。

本書で使ったのは・・・
パナソニック ホームベーカリー SD-BMS102

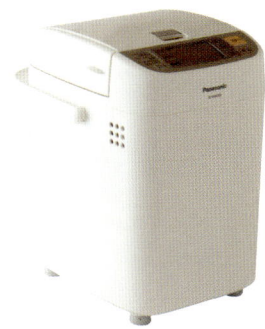

ホームベーカリーでシェアナンバーワンを誇るパナソニックの最新機種。今回のレシピはすべて「ドライイースト」コースの「食パン」メニューで焼きましたが、天然酵母パンや米粉パンなど、多彩なコースとメニューを搭載。

5
パンを取り出す
焼き上がったらすぐにパンケースを取り出し、2〜3回強くふってすべらすようにパンを取り出し、網の上に立ててさます。そのままにしておくとパンがしぼんでしまう。

本書のきまり
● 5〜9月頃(室温が25℃以上)は、水は5℃程度の冷水を使い、強力粉は冷蔵庫で冷やしておいたものを使ってください。
● ごはん入りのパンは傷みやすいので、タイマーを使って焼くことはできません。
● 電子レンジは600Wでの加熱時間です。500Wの場合は時間を1.2倍にしてください。
※このページでは基本的なごはんパンの作り方を紹介していますが、p.10「材料と計量について」もあわせてお読みになり、作り始めてください。

材料や配合を変えると
いろいろな食パンが楽しめます

同じ食パンとはいっても、バターたっぷりのリッチなものやミルクたっぷりのものなど、材料や配合を変えればいろいろなタイプが作れちゃう！日替わりで味わうのもおすすめです

リッチ食パン

バターを増やして、卵をプラス。
まろやかでコクがある食パンです

材料（1斤分）

A
- ごはん（さましたもの）…150g（茶碗1杯分）
- 強力粉…200g
- 砂糖…35g
- 塩…3g
- バター…30g
- 溶き卵…25g（約½個分）
- 牛乳…75g（75㎖）

インスタントドライイースト…3g

デニッシュ風食パン

バターの香りと生クリームの濃厚なコクが
ぜいたくな味。そのまま食べても

材料（1斤分）

A
- ごはん（さましたもの）…150g（茶碗1杯分）
- 強力粉…200g
- 砂糖…45g
- 塩…3g
- バター…40g
- 溶き卵…25g（約½個分）
- 卵黄…20g（1個分）
- 生クリーム…60g（60㎖）

インスタントドライイースト…3g

作り方 (4点共通)

1. パンケースに羽根を取りつけてAを入れ、本体にセットする。
2. ドライイーストをイースト容器に入れてふたを閉め、「食パン」メニューを選び、スタートする。
3. 焼き上がったら、網にのせてさます。

フランス食パン

どっしりしていてシンプルな味わい。
トーストしたときのサクサク感が魅力

材料 (1斤分)

A
- ごはん (さましたもの)…150g (茶碗1杯分)
- 強力粉…200g
- 砂糖…10g
- 塩…5g
- オリーブオイル…25g
- 水…100g (100㎖)

インスタントドライイースト…3g

ミルキー食パン

ほんのり甘めのミルクテイスト。
ぎゅっと詰まった生地が特徴です

材料 (1斤分)

A
- ごはん (さましたもの)…150g (茶碗1杯分)
- 強力粉…200g
- 砂糖…20g
- 塩…3g
- スキムミルク…20g
- コンデンスミルク…40g
- バター…25g
- 牛乳…70g (70㎖)

インスタントドライイースト…3g

材料と計量について

[基本の材料] 本書で使った材料の紹介と、選び方、保存方法をアドバイスします。

ごはん
ごはんは、米の容量の1.2倍の水で炊いたものを使っています。固めややわらかめのものを使うときは、材料の水の量を調節してください。また、ごはんは必ずさましたものを使うこと。冷蔵、冷凍をしておいたものは、電子レンジで温めてからほぐし、さましてから使ってください。

強力粉
標準的な輸入強力粉、日清製粉の「カメリヤ」を使っています。グルテン量12〜15%のものが適しており、国産小麦粉、パン専用強力粉（ゴールデンヨット、スーパーキングなど）など、銘柄や収穫時期などによってグルテン量が異なるものは、でき上がりやふくらみ方などが変わってきます。粉は新鮮なものを使い、残ったら密閉容器に入れ、冷凍保存を。

インスタントドライイースト
SAF（サフ）社のゴールドラベル（耐糖性）のものを使用。開封してから時間がたつと、パンのふくらみに影響が出ます。少ない容量のものを購入し、残ったら密閉容器に入れて、冷凍庫で保存を。

砂糖
一般的な上白糖を使っています。甘みを出すほか、インスタントドライイーストが発酵するのを助ける役割を持っています。

塩
粗塩を使用。塩味をつけるだけでなく、パン生地を引き締める役割を持ちます。粒が粗すぎるものは生地になじみづらいので、避けましょう。

卵
Mサイズで1個50gを基準にしています。パンの栄養価を高め、しっとりとしたリッチな食感が出ます。仕上げに塗る卵は省いてもかまいません。

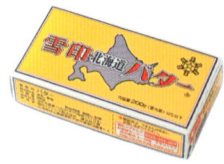

バター
有塩バターでかまいません。風味が出て、口当たりがソフトになります。1cm角くらいに切っておくと便利。冷蔵庫で冷やしたものを使ってください。

スキムミルク
牛乳から脂肪分を抜き、粉末状にしたもので、パンの風味をアップします。一般的なスーパーで手に入ります。開封したら、湿気ないように密閉して冷凍庫で保存を。

牛乳
パンに風味としっとり感を与え、栄養価を高めます。牛乳を入れるときは、その分、水の量を減らします。

[計量のポイント]

本書では、材料はすべてgで表記しています。液体はmlも併記していますので、計量カップで計量してもかまいません。とにかく正確に計量することが大切なので、できれば1g単位のデジタルスケールを使ってください。計量スプーンを使う場合は、右の換算表を参照してください。ただし、計量スプーンによって多少の差が出ます。

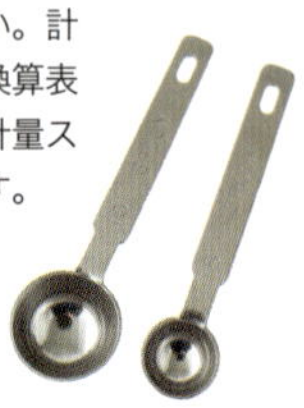

1g単位で量れるスケールが1つあれば、すべての計量が可能。パンケースごとスケールにのせ、その都度、風袋をゼロにして材料を加えていくとラク。計量スプーンは正確ではないものもあるので、スケールを使ったほうが確実です。

計量スプーンのg換算表	大さじ1	小さじ1
砂糖	9g	3g
スキムミルク	6g	2g
塩		5g
インスタントドライイースト		3g
油	13g	4g
ココア	6g	2g
インスタントコーヒー	6g	2g

食事にぴったりの
毎日ごはんパン

まずは毎日食べたい、飽きのこない味をご紹介！
甘みが強くないのでおかずとの相性もよく、
朝食はもちろん、食事用のパンにぴったりのごはんパンです。
シンプルななかにも、ナッツやフルーツの粒々感が楽しめたり、
混ぜ込んだ具材の風味がふわ〜っと香ってきたり…。
ごはんパンは、わかめや桜えび、ごまといった
和風のヘルシー素材とも相性抜群！
ぜーんぶ作って食べてみたくなりますよ。

食事にぴったりの毎日ごはんパン

黒糖ごはんパン

砂糖を黒糖に変え、少し甘めに。おいしそうな褐色の生地からコクのある香りと甘みが漂います

材料（1斤分）

A
- ごはん（さましたもの）…150g（茶碗1杯分）
- 強力粉…200g
- 黒砂糖（粉末）…40g
- 塩…3g
- スキムミルク…6g
- バター…15g
- 水…100g（100mℓ）

インスタント
ドライイースト…3g

作り方

1. パンケースに羽根を取りつけてAを入れ、本体にセットする。
2. ドライイーストをイースト容器に入れてふたを閉め、「食パン」メニューを選び、スタートする。
3. 焼き上がったら、網にのせてさます。

レーズンごはんパン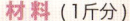

ベーシックなレーズン入り食パンも、ごはん入りだとしっとり感が倍増！多めに入れて楽しみます

材料（1斤分）

A
- ごはん（さましたもの）…150g（茶碗1杯分）
- 強力粉…200g
- 砂糖…20g
- 塩…3g
- スキムミルク…6g
- バター…20g
- 水…100g（100㎖）

インスタントドライイースト…3g
レーズン…70g

作り方

1. パンケースに羽根を取りつけて **A** を入れ、本体にセットする。
2. ドライイーストをイースト容器に、レーズンをレーズン・ナッツ容器に入れてふたを閉め、「食パン」メニュー（レーズンあり）を選び、スタートする。
3. 焼き上がったら、網にのせてさます。

パナソニックの機種は、レーズンなどの自動投入機能があるが、ない機種は、こね終わりの3〜5分前に手で加える。こねが1回と2回の機種があるので、説明書で確認を。

食事にぴったりの毎日ごはんパン

くるみごはんパン

もっちり生地とカリカリしたくるみの対照的な食感。焼き上がったときの香ばしさもひときわ！

材料（1斤分）

A
- ごはん（さましたもの）…150g（茶碗1杯分）
- 強力粉…200g
- 砂糖…20g
- 塩…3g
- スキムミルク…6g
- バター…20g
- 水…100g（100ml）

インスタントドライイースト…3g
くるみ（1cm角に刻む）…60g

作り方

1. パンケースに羽根を取りつけて**A**を入れ、本体にセットする。
2. ドライイーストをイースト容器に、くるみをレーズン・ナッツ容器に入れてふたを閉め、「食パン」メニュー（レーズンあり）を選び、スタートする。
3. 焼き上がったら、網にのせてさます。

自動投入のレーズン・ナッツ容器は、水分が少なく、乾燥した具材のときに使う。水分が多いものや、溶けやすいものは手で入れて。

きな粉 ごはんパン

味というよりも、香ばしい風味にきな粉の存在感が感じられます。素朴な和風テイスト

材料 (1斤分)

A
- ごはん(さましたもの)…150g(茶碗1杯分)
- 強力粉…200g
- 砂糖…20g
- 塩…3g
- きな粉…30g
- スキムミルク…6g
- バター…15g
- 水…115g(115㎖)

インスタント
ドライイースト…3g

作り方

1 パンケースに羽根を取りつけて**A**を入れ、本体にセットする。
2 ドライイーストをイースト容器に入れてふたを閉め、「食パン」メニューを選び、スタートする。
3 焼き上がったら、網にのせてさます。

食事にぴったりの毎日ごはんパン

ハニーごはんパン　　　　　　　　メープルごはんパン

メープルごはんパン

牛乳を加えたミルキーな生地に、メープルシロップのやさしい甘みがよくマッチします

材料 (1斤分)

A
- ごはん(さましたもの)…150g(茶碗1杯分)
- 強力粉…200g
- 塩…3g
- メープルシロップ…50g
- スキムミルク…12g
- バター…20g
- 溶き卵…25g(約½個分)
- 牛乳…40g(40㎖)

インスタントドライイースト…3g

作り方

1. パンケースに羽根を取りつけて**A**を入れ、本体にセットする。
2. ドライイーストをイースト容器に入れてふたを閉め、「食パン」メニューを選び、スタートする。
3. 焼き上がったら、網にのせてさます。

ハニーごはんパン

こちらははちみつをたっぷり練り込んで。使うはちみつの種類によってさまざまな風味に変化します

材料 (1斤分)

A
- ごはん(さましたもの)…150g(茶碗1杯分)
- 強力粉…200g
- 塩…3g
- はちみつ…50g
- スキムミルク…12g
- バター…20g
- 溶き卵…25g(約½個分)
- 牛乳…40g(40㎖)

インスタントドライイースト…3g

作り方

1. パンケースに羽根を取りつけて**A**を入れ、本体にセットする。
2. ドライイーストをイースト容器に入れてふたを閉め、「食パン」メニューを選び、スタートする。
3. 焼き上がり2時間前(一次発酵終了後)にパンケースをはずし、生地を取り出す。
4. 生地を軽く押してガスを抜き、2等分に切ってそれぞれ丸め、羽根をはずしたパンケースに並べて入れる。
5. 4を本体にセットし、ふたを閉める。焼き上がったら、網にのせてさます。

食べ方アレンジ

＊シナモンシュガーをふって

さらに甘さがほしいときは、はちみつの風味にシナモンシュガーがよく合います。バターを塗った上からかけても。

一度生地を取り出し、2つに分けて入れ直すとかわいいふた山パンに。もちろん、そのまま焼いてもかまわない。

食事にぴったりの毎日ごはんパン

●コーヒーごはんパン

香りは本格派ですが、インスタントコーヒーで手軽に作れます。リッチな生地にほろ苦さがアクセント

材料（1斤分）

A
- ごはん（さましたもの）…150g（茶碗1杯分）
- 強力粉…200g
- 砂糖…25g
- 塩…3g
- スキムミルク…12g
- バター…30g
- 溶き卵…25g（約½個分）
- 水…75g（75㎖）
- インスタントコーヒー（粉末タイプ）
  …3g（大さじ½）

インスタントドライイースト…4g

作り方

1 パンケースに羽根を取りつけて**A**を入れ、本体にセットする。
2 ドライイーストをイースト容器に入れてふたを閉め、「食パン」メニューを選び、スタートする。
3 焼き上がったら、網にのせてさます。

● ココアマーブルごはんパン

甘みのない純ココアの粉末を使います。生地を取り出して散らし、丸め直して焼けばマーブル模様に

ココアはまだらに散らすとほどよいマーブル状に。U字にしたら、丸めたほうを上にしてパンケースにおさめる。

材料（1斤分）

A
　ごはん（さましたもの）…150g（茶碗1杯分）
　強力粉…200g
　砂糖…25g
　塩…3g
　スキムミルク…12g
　バター…30g
　溶き卵…25g（約½個分）
　水…75g（75㎖）

インスタントドライイースト…4g
ココア…12g（大さじ2）
溶き卵…適宜

作り方

1 パンケースに羽根を取りつけて**A**を入れ、本体にセットする。

2 ドライイーストをイースト容器に入れてふたを閉め、「食パン」メニューを選び、スタートする。

3 約1時間後、2度目のこねが終わったらパンケースをはずし、生地を取り出す。

4 打ち粉（分量外）をふって生地をめん棒で25㎝角に広げ、溶き卵を塗ってココアをふる。手前から巻き、U字に丸めてパンケースに入れる。

5 4を本体にセットし、ふたを閉める。焼き上がったら、網にのせてさます。

食事にぴったりの毎日ごはんパン

セサミごはんパン

生地に混ぜ込むだけはつまらないと、表面にもごまをたっぷりまぶしました。粒々感がたまらない！

材料（1斤分）

A
- ごはん（さましたもの）…150g（茶碗1杯分）
- 強力粉…200g
- 砂糖…15g
- 塩…5g
- スキムミルク…6g
- バター…15g
- 水…100g（100㎖）

インスタントドライイースト…3g
いりごま（黒・白）
　…合わせて21g（大さじ2＋小さじ1）

作り方

1 パンケースに羽根を取りつけて**A**を入れ、本体にセットする。
2 ドライイーストをイースト容器に、ごま大さじ2をレーズン・ナッツ容器に入れてふたを閉め、「食パン」メニュー（レーズンあり）を選び、スタートする。
3 焼き上がり50分前にパンケースごと取り出し、生地の上に水（分量外）を塗り、残りのごまをふってふたを閉める。
4 焼き上がったら、網にのせてさます。

生地の表面にそのままごまをふってもくっつかないので、水をつけた上に散らして。

玄米豆乳ごはんパン

ごはんを玄米にして、水分はすべて豆乳で。
素朴ながらも力強い味わいとヘルシーさが魅力です

材料（1斤分）

A
- 玄米ごはん（さましたもの）…150g（茶碗1杯分）
- 強力粉…200g
- 砂糖…15g
- 塩…5g
- バター…15g
- 豆乳…110g（110㎖）

インスタントドライイースト…4g

作り方

1. パンケースに羽根を取りつけて**A**を入れ、本体にセットする。
2. ドライイーストをイースト容器に入れてふたを閉め、「食パン」メニューを選び、スタートする。
3. 焼き上がったら、網にのせてさます。

十五穀入りごはんパン

市販の雑穀ミックスを使えばラクラク！
もちもちした生地に隠れている雑穀の食感が絶妙

材料（1斤分）

A
- ごはん（さましたもの）…120g（茶碗1杯分弱）
- 強力粉…200g
- 砂糖…15g
- 塩…5g
- スキムミルク…6g
- バター…15g
- 水…110g（110㎖）

インスタントドライイースト…3g

B
- 十五穀雑穀ミックス…20g
- 水…½カップ

雑穀ミックスはそのまま加えず、水とともに電子レンジで加熱してふやかす。水けをよくきってから使って。

作り方

1. 大きめの耐熱ガラスボウルに**B**を入れてふんわりとラップをかける。電子レンジで5分加熱し、そのまま粗熱をとって水けをよくきる。
2. パンケースに羽根を取りつけて**A**を入れ、本体にセットする。
3. ドライイーストをイースト容器に入れてふたを閉め、「食パン」メニュー（レーズンあり）を選び、スタートする。
4. ブザーが鳴ったら、ふたを開けて**1**を加える。
5. 焼き上がったら、網にのせてさます。

食事にぴったりの毎日ごはんパン

かぼちゃごはんパン

にんじんごはんパン

かぼちゃは実だけでなく栄養価が高い皮まで使いました。
野菜のほんのりやさしい甘みがおいしい

にんじんは生のまますりおろして混ぜ込みます。
にんじん臭さが消えるから、苦手な子だってパクリ！

材料 (1斤分)

A
- ごはん(さましたもの)…150g(茶碗1杯分)
- 強力粉…200g
- 砂糖…20g
- 塩…3g
- スキムミルク…6g
- バター…15g
- 溶き卵…50g(1個分)
- 水…50g(50㎖)

インスタントドライイースト…4g
かぼちゃ(種とわたを除く)…80g

かぼちゃの皮は小さくつぶしたくないので、自動投入機能は使わず、手で加える。

作り方

1. かぼちゃはラップで包んで電子レンジで3分加熱し、そのまま粗熱をとる。実は50g分をこそげ、残った皮は1cm角に刻む。
2. パンケースに羽根を取りつけて**A**、かぼちゃの実を入れ、本体にセットする。
3. ドライイーストをイースト容器に入れてふたを閉め、「食パン」メニュー(レーズンあり)を選び、スタートする。
4. ブザーが鳴ったら、ふたを開けてかぼちゃの皮を加える。
5. 焼き上がったら、網にのせてさます。

材料 (1斤分)

A
- ごはん(さましたもの)…150g(茶碗1杯分)
- 強力粉…200g
- 砂糖…20g
- 塩…3g
- にんじんのすりおろし…80g
- スキムミルク…6g
- バター…15g
- 溶き卵…25g(約½個分)

インスタントドライイースト…3g

作り方

1. パンケースに羽根を取りつけて**A**を入れ、本体にセットする。
2. ドライイーストをイースト容器に入れてふたを閉め、「食パン」メニューを選び、スタートする。
3. 焼き上がったら、網にのせてさます。

コーンチーズ ごはんパン

相性抜群の黄色いコンビは子どもも大好き！ おかずっぽさがあるので、満足感たっぷりです

材料（1斤分）

A
- ごはん（さましたもの）…150g（茶碗1杯分）
- 強力粉…200g
- 砂糖…15g
- 塩…5g
- 粉チーズ…12g（大さじ2）
- バター…15g
- 溶き卵…25g（約½個分）
- 水…75g（75㎖）

- インスタントドライイースト…3g
- プロセスチーズ（1cm角に切る）…40g
- ホールコーン（水けをふく）…30g
- 粉チーズ…6g（大さじ1）
- 溶き卵…適宜

作り方

1. パンケースに羽根を取りつけて**A**を入れ、本体にセットする。
2. ドライイーストをイースト容器に入れてふたを閉め、「食パン」メニューを選び、スタートする。
3. 約1時間後、2度目のこねが終わったらパンケースをはずし、生地を取り出す。
4. 打ち粉（分量外）をふって生地を手で直径30cmの円に広げ、チーズ、コーンを散らして手前から巻き、U字に丸めてパンケースに入れる。
5. 4を本体にセットし、生地の上に溶き卵を塗って粉チーズをふり、ふたを閉める。焼き上がったら、網にのせてさます。

コーンとチーズを全体に散らし、手前から巻いてU字状にして入れ直す。この方法だと、加えた具材がつぶれにくい。

食事にぴったりの毎日ごはんパン

桜えびとねぎのごはんパン

和風の食材を組み合わせた異色レシピですが、食べれば納得！のりを巻いたり、ごま油をつけたりしても

材料（1斤分）
A
　ごはん（さましたもの）…150g（茶碗1杯分）
　強力粉…200g
　砂糖…15g
　塩…5g
　長ねぎのみじん切り…50g
　スキムミルク…6g
　ごま油…15g
　水…60g（60㎖）
インスタントドライイースト…4g
桜えび…5g

作り方
1 パンケースに羽根を取りつけて**A**を入れ、本体にセットする。
2 ドライイーストをイースト容器に、桜えびをレーズン・ナッツ容器に入れてふたを閉め、「食パン」メニュー（レーズンあり）を選び、スタートする。
3 焼き上がったら、網にのせてさます。

わかめと枝豆のごはんパン

ゆかりじゃこごはんパン

海と山の幸が出合ったごはんパン。乾燥わかめと冷凍枝豆で作れるので、季節を問わず楽しんで

材料（1斤分）

A

- ごはん（さましたもの）…150g（茶碗1杯分）
- 強力粉…200g
- 砂糖…15g
- 塩…5g
- カットわかめ（もどして刻む）…2g（小さじ2）
- スキムミルク…6g
- サラダ油…15g
- 水…100g（100mℓ）

インスタントドライイースト…4g
枝豆（冷凍）…さやから出して70g

手頃なカットわかめだが、パンに混ぜる場合は水に2〜3分つけてもどしてから使う。必ず小さく刻んで。

作り方

1. 枝豆は水につけて解凍し、さやから豆を出す。
2. パンケースに羽根を取りつけて **A** を入れ、本体にセットする。
3. ドライイーストをイースト容器に入れてふたを閉め、「食パン」メニュー（レーズンあり）を選び、スタートする。
4. 約1時間後、2度目のこねが終わったらパンケースをはずし、生地を取り出す。
5. 打ち粉（打ち粉）をふって生地を手で直径30cmの円に広げ、枝豆を散らして丸める。
6. 5をパンケースに入れて本体にセットし、ふたを閉める。焼き上がったら、網にのせてさます。

細かくなって生地と一体化するものの、2つの食材の味はしっかり。おせんべいのような感覚でいただけます

材料（1斤分）

A

- ごはん（さましたもの）…150g（茶碗1杯分）
- 強力粉…200g
- 砂糖…15g
- 塩…3g
- スキムミルク…6g
- ゆかり…6g（大さじ1）
- サラダ油…15g
- 水…100g（100mℓ）

インスタントドライイースト…4g
ちりめんじゃこ…20g

作り方

1. パンケースに羽根を取りつけて **A** を入れ、本体にセットする。
2. ドライイーストをイースト容器に、ちりめんじゃこをレーズン・ナッツ容器に入れてふたを閉め、「食パン」メニュー（レーズンあり）を選び、スタートする。
3. 焼き上がったら、網にのせてさます。

食事にぴったりの毎日ごはんパン

ベーコンカレーごはんパン

ベーコンと玉ねぎを一度加熱し、混ぜ込んだお総菜テイストのごはんパン。カレー風味でどんどんイケちゃう！

材料（1斤分）

A
- ごはん（さましたもの）…150g（茶碗1杯分）
- 強力粉…200g
- 砂糖…15g
- 塩…5g
- カレー粉…2g（小さじ1）
- 粉チーズ…6g（大さじ1）
- バター…15g
- 水…100g（100mℓ）

インスタントドライイースト…4g

B
- スライスベーコン（1cm幅に切る）…3枚
- 玉ねぎ（みじん切り）…¼個

作り方

1. **B**は耐熱ガラス容器に入れてふんわりとラップをかけ、電子レンジで3分加熱し、そのまま粗熱をとる。
2. パンケースに羽根を取りつけて**A**を入れ、本体にセットする。
3. ドライイーストをイースト容器に入れてふたを閉め、「食パン」メニュー（レーズンあり）を選び、スタートする。
4. ブザーが鳴ったら、ふたを開けて**1**を加える。焼き上がったら、網にのせてさます。

ベーコンと玉ねぎは一度加熱してから。フライパンで炒めてもいいが、電子レンジ加熱ならもっと簡単。

トマトハーブごはんパン

水分はトマトジュースで、油分はオリーブオイル。ハーブも加わって生まれた1品はワインに最高!

材料（1斤分）

A
- ごはん（さましたもの）…150g（茶碗1杯分）
- 強力粉…200g
- 砂糖…15g
- 塩…5g
- ドライハーブミックス…2g（小さじ1）
- 粉チーズ…6g（大さじ1）
- オリーブオイル…15g
- トマトジュース…100g（100㎖）

インスタントドライイースト…4g
ドライトマト（1㎝角に切る）…35g

作り方

1 パンケースに羽根を取りつけてAを入れ、本体にセットする。
2 ドライイーストをイースト容器に、ドライトマトをレーズン・ナッツ容器に入れてふたを閉め、「食パン」メニュー（レーズンあり）を選び、スタートする。
3 焼き上がったら、網にのせてさます。

 ## 残ったごはんパンをおいしく食べるためのお話

＜甘みの少ないごはんパンなら＞

＊オリーブオイルや塩、こしょうをつけて

トーストしてバターを塗るのもいいのですが、イタリアンのように、焼きたてにオリーブオイルや塩、こしょうをつけて食べるのもおすすめ。上質なエキストラバージンオリーブオイルは香りもよく、少量つけるだけでごはんパンの甘みが際立って、とてもおいしくいただけます。ワインとの相性も抜群です。

＜甘みの強いごはんパンなら＞

＊フレンチトーストにして

朝食やおやつにぴったりのフレンチトーストは、ごはんパンでも作れます。密度があって、しっとり食べごたえのある仕上がりです。

● フレンチトーストの作り方
スライスしたごはんパン2枚を用意。卵1個、砂糖大さじ2、牛乳1カップを混ぜて、ごはんパンを半分に切ったものをひたして含ませる。フライパンにバター大さじ1を入れて中火で熱し、ごはんパンを並べ入れて両面に焼き色をつければでき上がり。ベリーやミント、粉砂糖、メープルシロップや生クリームを添えても。

＊クルトンやパン粉にして

水分が飛んで味が落ちてきたごはんパンは、クルトンやパン粉にして食べきりましょう。

● クルトンの作り方
ごはんパンをスライスして30分ほどおいて半乾燥させ、1cm角に切る。オーブントースターの天板にのせて、薄く色づくまで焼く。サラダ、スープなどのトッピングに。

● パン粉の作り方
ごはんパンをスライスしてから、手で粗くほぐし、フードプロセッサーで刻む。粗め、細かめは好みで。生パン粉が好みならそのままで使い、乾燥したほうが好みならば120℃のオーブンで、20～30分、カリッとするまで焼く。あるいはバットに広げて冷蔵庫で一晩おき、乾燥させる。いずれも保存袋に入れて、冷凍保存がおすすめ。衣やハンバーグなどのつなぎに使うほか、パセリやにんにく、粉チーズなどを混ぜて、肉、切り身魚、野菜にのせ、オリーブオイルをかけてパン粉焼きにしても。

＊ラスクにして

カリカリした食感が楽しく、お菓子感覚で手軽に食べられます。水分が飛んで固くなったごはんパンでもおいしく作れ、日持ちもするので、ぜひトライを！

● ラスクの作り方
スライスしたごはんパンを食べやすい大きさに切り、バターを塗って、グラニュー糖をふる。ここにシナモンやココアなど、好みのフレーバーをつければバリエーションが広がる。120℃のオーブンで20～30分、カリッとするまで焼く。

PART 2

おやつにぴったり
甘い
ごはんパン

甘くておいしい菓子パンは、みんなが大好き。
もちもち感、ふわふわ感が特徴のごはんパンは、
スイーツ仕立てにすると、その魅力がひときわ！
ケーキのようなリッチな味わいのものから、
干し柿やさつまいも、抹茶などを使った
和菓子テイストのものまで、
本当にスイッチポンで作れちゃいます。
ゴージャスだから
手土産としてもきっと喜ばれると思います。

おやつにぴったり甘いごはんパン

干し柿のごはんパン

しつこく感じる干し柿の甘さも、ごはんパンには相性抜群。ねっとりした食感ももっちり生地に合う！

材料 (1斤分)

A
- ごはん(さましたもの)…150g(茶碗1杯分)
- 強力粉…200g
- 砂糖…45g
- 塩…3g
- スキムミルク…6g
- バター…20g
- 溶き卵…25g(約½個分)
- 水…75g(75mℓ)

インスタントドライイースト…3g
干し柿(種を除いて1cm角に切る)…70g(1個分)

作り方

1. パンケースに羽根を取りつけて**A**を入れ、本体にセットする。
2. ドライイーストをイースト容器に入れてふたを閉め、「食パン」メニュー（レーズンあり）を選び、スタートする。
3. ブザーが鳴ったら、ふたを開けて干し柿を加える。
4. 焼き上がったら、網にのせてさます。

食べ方アレンジ

＊和菓子のように見立てて

四角く切り分けて粒あんをのせ、薄切りにした干し柿を添えて。干し柿の濃厚な甘みに、あんこがよく合い、もっちりしたパン生地が和菓子のように感じられます。

おやつにぴったり甘いごはんパン

さつまいもの黒糖
ごはんパン

素朴なさつまいもの甘さだけでは物足りないと、コク豊かな黒糖をプラス。この相乗効果でまさに和のスイーツ！

材料（1斤分）

A
- ごはん（さましたもの）…150g（茶碗1杯分）
- 強力粉…200g
- 黒砂糖（粉末）…60g
- 塩…3g
- スキムミルク…6g
- バター…20g
- 溶き卵…25g（約½個分）
- 水…75g（75㎖）

インスタントドライイースト…3g
さつまいも…⅓本（80g）
さつまいも（輪切り）・黒みつ…各適宜

作り方

1. さつまいもはラップで包み、電子レンジで3分加熱し、1㎝角に切る。
2. パンケースに羽根を取りつけて**A**を入れ、本体にセットする。
3. ドライイーストをイースト容器に入れてふたを閉め、「食パン」メニュー（レーズンあり）を選び、スタートする。
4. ブザーが鳴ったら、ふたを開けて**1**を加える。焼き上がったら、網にのせてさます。（写真では、電子レンジで加熱したさつまいもの輪切りをのせ、黒みつをかけている）

練りごまとココナッツミルクの
ごはんパン

濃厚な2つの食材がじつにマッチ！ ココナッツの風味がちょっとアジアな空気を感じさせます

材料（1斤分）

A
- ごはん（さましたもの）…150g（茶碗1杯分）
- 強力粉…200g
- 砂糖…45g
- 塩…3g
- 黒練りごま…30g
- バター…15g
- ココナッツミルク…110g

インスタントドライイースト…3g

作り方

1. パンケースに羽根を取りつけて**A**を入れ、本体にセットする。
2. ドライイーストをイースト容器に入れてふたを閉め、「食パン」メニューを選び、スタートする。
3. 焼き上がったら、網にのせてさます。

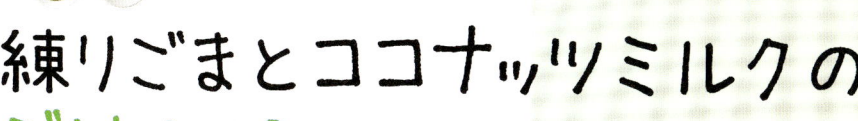

栗の抹茶 ごはんパン

抹茶を混ぜ込んだ緑の生地に、黄金色の栗がきれい！ もちろん、味の相性は言うまでもありません

材料（1斤分）

A
- ごはん（さましたもの）…150g（茶碗1杯分）
- 強力粉…200g
- 砂糖…45g
- 塩…3g
- 抹茶…5g（大さじ1）
- スキムミルク…6g
- バター…20g
- 溶き卵…25g（約½個分）
- 水…75g（75㎖）

インスタントドライイースト…3g
栗の甘露煮（1㎝角に切る）…5個（75g）

作り方

1. パンケースに羽根を取りつけて**A**を入れ、本体にセットする。
2. ドライイーストをイースト容器に入れてふたを閉め、「食パン」メニューを選び、スタートする。
3. 約1時間後、2度目のこねが終わったらパンケースをはずし、生地を取り出す。
4. 打ち粉（分量外）をふって生地を手で直径30㎝の円に広げ、栗を散らして包むように丸め、パンケースに入れる。
5. 4を本体にセットし、ふたを閉める。焼き上がったら、網にのせてさます。

おやつにぴったり甘いごはんパン

しょうがとはちみつのごはんパン

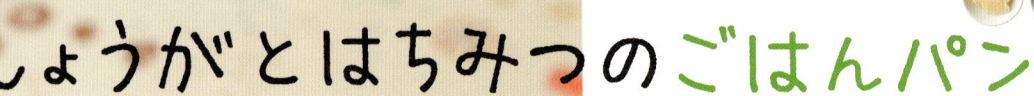

しょうがのさわやかな風味で飽きさせません

材料（1斤分）

A
- ごはん（さましたもの）…150g（茶碗1杯分）
- 強力粉…200g
- 塩…3g
- はちみつ…60g
- スキムミルク…12g
- バター…20g
- 溶き卵…25g（約½個分）
- 水…40g（40㎖）

インスタントドライイースト…4g
しょうがの砂糖漬け（みじん切り）…50g+10g
溶き卵…適量

作り方

1. パンケースに羽根を取りつけて**A**を入れ、本体にセットする。
2. ドライイーストをイースト容器に、しょうがの砂糖漬け50gをレーズン・ナッツ容器に入れてふたを閉め、「食パン」メニュー（レーズンあり）を選び、スタートする。
3. 焼き上がり50分前にパンケースごと取り出し、生地の上に溶き卵を塗り、残りのしょうが10gをふる。
4. **3**を本体にセットし、ふたを閉める。焼き上がったら、網にのせてさます。

よもぎとうぐいす豆のごはんパン

製菓用のよもぎ粉と市販の豆の甘煮を使って手軽に

材料（1斤分）

A
- ごはん（さましたもの）…150g（茶碗1杯分）
- 強力粉…200g
- 砂糖…45g
- 塩…3g
- よもぎ粉…5g（大さじ1）
- スキムミルク…6g
- バター…20g
- 溶き卵…25g（約½個分）
- 水…75g（75㎖）

インスタントドライイースト…3g
うぐいす豆の甘煮…70g

作り方

1. パンケースに羽根を取りつけて**A**を入れ、本体にセットする。
2. ドライイーストをイースト容器に入れてふたを閉め、「食パン」メニューを選び、スタートする。
3. 約1時間後、2度目のこねが終わったらパンケースをはずし、生地を取り出す。
4. 打ち粉（分量外）をふって生地を手で直径30㎝の円に広げ、うぐいす豆を散らして包むように丸め、パンケースに入れる。
5. **4**を本体にセットし、ふたを閉める。焼き上がったら、網にのせてさます。

そば粉のみそごはんパン

昔ながらのみそパンをイメージして作りました。混ぜ込んだそば粉の香ばしさもよく合います

材料 (1斤分)

A
- ごはん(さましたもの)…120g(茶碗1杯分弱)
- 強力粉…200g
- そば粉…40g
- 砂糖…45g
- みそ…36g
- スキムミルク…6g
- バター…15g
- 溶き卵…25g(約½個分)
- 水…110g(110㎖)

インスタントドライイースト…3g

作り方

1 パンケースに羽根を取りつけて**A**を入れ、本体にセットする。
2 ドライイーストをイースト容器に入れてふたを閉め、「食パン」メニューを選び、スタートする。
3 焼き上がったら、網にのせてさます。

おやつにぴったり甘いごはんパン

バナナごはんパン

1斤にたっぷり2本入っているから、もっちりふわふわの生地のすみずみまでがバナナの味!

材料 (1斤分)

A
- ごはん(さましたもの)…150g(茶碗1杯分)
- 強力粉…200g
- 砂糖…45g
- スキムミルク…12g
- 塩…3g
- バナナ(フォークでつぶす)…200g(約2本分)
- バター…30g
- 溶き卵…25g(約½個分)

インスタントドライイースト…4g

作り方

1. パンケースに羽根を取りつけて**A**を入れ、本体にセットする。
2. ドライイーストをイースト容器に入れてふたを閉め、「食パン」メニューを選び、スタートする。
3. 焼き上がったら、網にのせてさます。

バナナはあらかじめフォークなどで、つぶしておく。あまり粗いとかたまりのまま残るので、まんべんなく。

食べ方アレンジ

＊カフェのスイーツ風に

薄めにスライスしたバナナごはんパンの上に、さらに薄切りバナナをトッピング。湯煎で溶かしたチョコレートをかけ、ミントを飾ればケーキのよう! チョコレートソースを使えば、もっと簡単です。

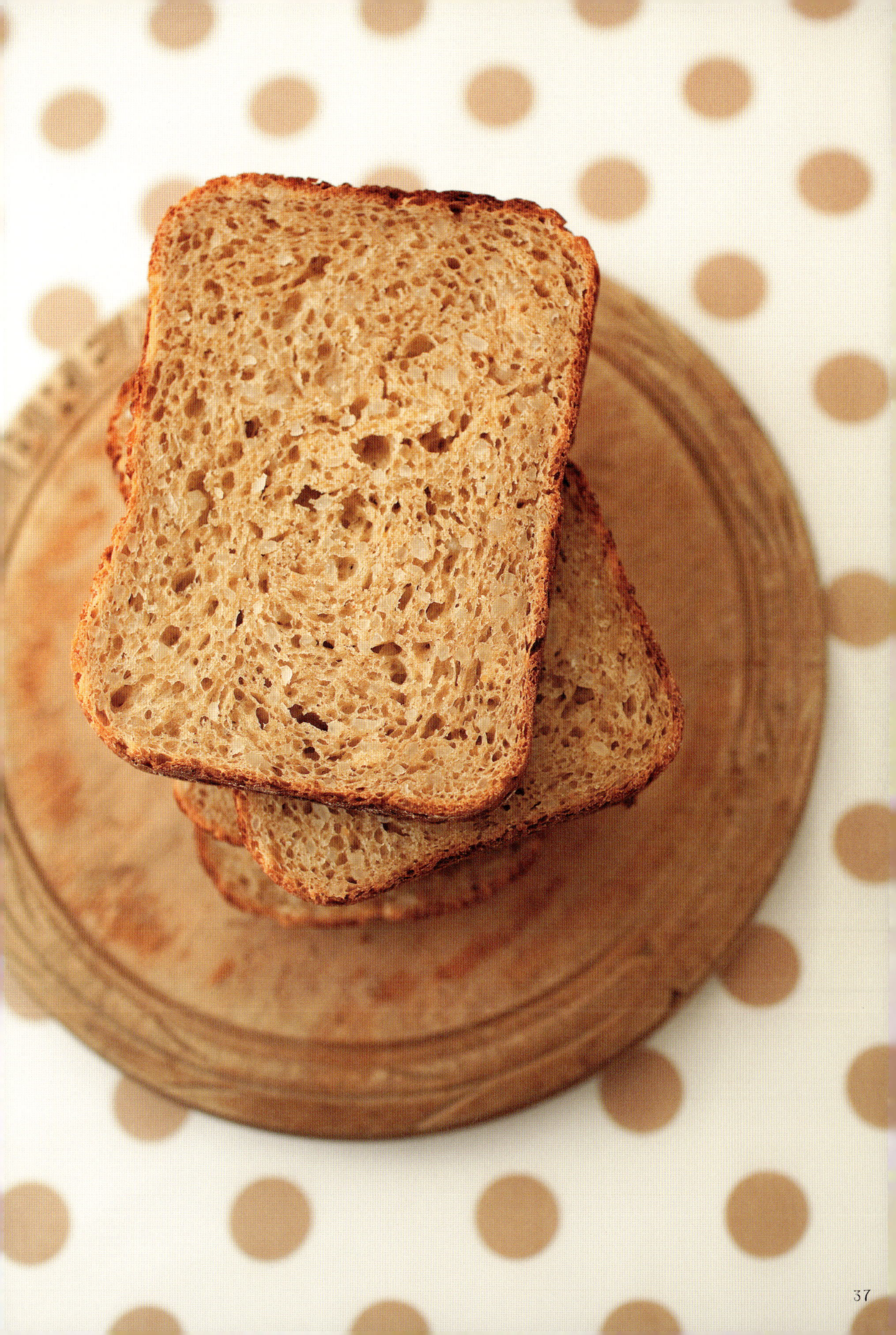

おやつにぴったり甘いごはんパン

ホワイトチョコの
レモンごはんパン

ホワイトチョコを生地に混ぜ込み、さらにトッピング。レモンのさわやかな酸味が味のまとめ役です

材料（1斤分）

A
- ごはん（さましたもの）…150g（茶碗1杯分）
- 強力粉…200g
- 砂糖…45g
- 塩…3g
- レモンの皮のすりおろし…1個分
- バター…50g
- 溶き卵…25g（約½個分）
- 牛乳…75g（75㎖）

- インスタントドライイースト…3g
- 板チョコ（ホワイト、60gは1㎝角に刻む）…60g＋50g

作り方

1. パンケースに羽根を取りつけてAを入れ、本体にセットする。
2. ドライイーストをイースト容器に入れてふたを閉め、「食パン」メニュー（レーズンあり）を選び、スタートする。
3. ブザーが鳴ったら、ふたを開けて刻んだ板チョコを加える。
4. 焼き上がり2時間前（一次発酵終了後）にパンケースをはずし、生地を取り出す。
5. 軽く押してガスを抜き、生地を2等分に切って丸め、羽根をはずしたパンケースに並べ入れる。
6. 5を本体にセットし、ふたを閉める。焼き上がったら、網にのせてさます。
7. 残りの板チョコは湯煎で溶かし、6にかける。

溶かしたチョコレートは、必ず粗熱のとれたパンにかけること。素早く全体にかけ、涼しい場所に置いて固まるまで待つ。夏は冷蔵庫に。

キャラメルごはんパン

キャラメルを混ぜ込んだ生地と、シンプル生地の2層で焼き上げます。半分溶けたキャラメルが絶品！

材料（1斤分）

A
- ごはん（さましたもの）…150g（茶碗1杯分）
- 強力粉…200g
- 砂糖…20g
- 塩…3g
- コンデンスミルク…40g
- スキムミルク…20g
- バター…25g
- 牛乳…70g（70㎖）

インスタントドライイースト…3g
ミルクキャラメル（1cm角に切る）…10個（60g）

作り方

1. パンケースに羽根を取りつけて**A**を入れ、本体にセットする。
2. ドライイーストをイースト容器に入れてふたを閉め、「食パン」メニューを選び、スタートする。
3. 約1時間後、2度目のこねが終わったらパンケースをはずし、生地を取り出す。
4. 打ち粉（分量外）をふって生地を2等分に切り、一方の生地は手で直径20cmの円に広げ、キャラメルを散らし、手前から巻いてU字に丸める。これをもうひとつの生地にのせ、合わせて丸め直し、パンケースに入れる。
5. 4を本体にセットし、ふたを閉める。焼き上がったら、網にのせてさます。

> キャラメルが生地を突き破って出ないよう、ゆるめにやさしく。これをもうひとつの生地に重ねて丸め、パンケースに戻す。

ダブルチョコごはんパン

ココア生地にチョコを混ぜ込んで、チョコ感満点！チョコレート好きにはこたえられない1品です

材料（1斤分）

A
- ごはん（さましたもの）…150g（茶碗1杯分）
- 強力粉…200g
- 砂糖…45g
- 塩…3g
- ココア…12g（大さじ2）
- バター…50g
- 溶き卵…25g（約½個分）
- 牛乳…75g（75㎖）

インスタントドライイースト…3g
板チョコ（スイートタイプ、1cm角に刻む）…60g

作り方

1. パンケースに羽根を取りつけて**A**を入れ、本体にセットする。
2. ドライイーストをイースト容器に入れてふたを閉め、「食パン」メニュー（レーズンあり）を選び、スタートする。
3. ブザーが鳴ったら、ふたを開けて板チョコを加える。
4. 焼き上がったら、網にのせてさます。

おやつにぴったり甘いごはんパン

でかメロンごはんパン

あのメロンパンを1斤丸ごとで作ります。ビスケット生地はホットケーキミックスを使うから簡単!

材料(1斤分)

A
- ごはん(さましたもの)
  …100g(茶碗にごく軽く1杯分)
- 強力粉…130g
- 砂糖・バター…各15g
- 塩…2g
- 溶き卵…25g(約½個分)
- 牛乳…40g(40㎖)

インスタントドライイースト…2g

ビスケット生地
- ホットケーキミックス…100g
- 砂糖…35g
- 溶き卵…25g(約½個分)
- バター(室温にもどす)…50g

溶き卵・グラニュー糖…各適量

作り方

1 ビスケット生地を作る。ボウルにバターを入れて泡立て器でよく練り、砂糖、卵を加えてさらによく練る。ホットケーキミックスを加えてゴムべらで切るように混ぜ合わせ、粉っぽさがなくなったら、ラップ2枚ではさんで8×12㎝の長方形にのばす。このまま冷蔵庫で20分休ませる。

2 パンケースに羽根を取りつけてAを入れ、本体にセットする。

3 ドライイーストをイースト容器に入れてふたを閉め、「食パン」メニューを選び、スタートする。

4 焼き上がり50分前にパンケースごと取り出し、生地の上に溶き卵を塗り、1をかぶせる。上に溶き卵を塗ってグラニュー糖をふり、包丁で格子状に筋を入れる。

5 4を本体にセットし、ふたを閉める。焼き上がったら、網にのせてさます。

ちょうど帽子のように生地の上にかぶせるイメージ。焼き上がるとはがれやすいので、しっかり密着させて。

ロイヤルミルクティー ごはんパン

濃厚なミルクティーは、ていねいに煮出して作ります。茶葉が大きければ粉状に砕いて使ってください

材料 (1斤分)

A
- ごはん（さましたもの）…150g（茶碗1杯分）
- 強力粉…200g
- 砂糖…27g
- 塩…3g
- 紅茶（ティーバッグ）…6g（大さじ1）
- はちみつ…20g
- バター…30g
- ミルクティー
  …100mℓ（紅茶大さじ1+牛乳130mℓ）

インスタントドライイースト…3g

作り方

1. ミルクティーを作る。鍋に牛乳、紅茶を入れてひと煮立ちさせ、火からおろし、ふたをする。5分蒸らしたら漉してさまし、100mℓとる。
2. パンケースに羽根を取りつけて**A**を入れ、本体にセットする。
3. ドライイーストをイースト容器に入れてふたを閉め、「食パン」メニューを選び、スタートする。
4. 焼き上がったら、網にのせてさます。

ミルクティーの茶葉はアールグレイがおすすめ。ミルクティーはさめていないと使えないので、あらかじめ作っておく。

おやつにぴったり甘いごはんパン

ごはん入りパネトーネ

カラフルなドライフルーツがいかにもパネトーネという感じ。
キラキラきれいなので、イベントや手土産にぜひ

材料 (1斤分)

A
- ごはん(さましたもの)…150g(茶碗1杯分)
- 強力粉…200g
- 砂糖…45g
- 塩…3g
- ブランデー…25g
- バター…50g
- 溶き卵…25g(約½個分)
- 卵黄…20g(1個分)
- 牛乳…30g(30mℓ)

インスタントドライイースト…4g

B
- ドライフルーツ(ドレンチェリー、アンゼリカ、オレンジピール、レーズンなど)…計80g
- ナッツ(くるみ、スライスアーモンドなど)…計20g

作り方

1. **B**のドレンチェリー、アンゼリカは薄切り、オレンジピール、くるみは1cm角に切る。
2. パンケースに羽根を取りつけて**A**を入れ、本体にセットする。
3. ドライイーストをイースト容器に入れてふたを閉め、「食パン」メニューを選び、スタートする。
4. 約1時間後、2度目のこねが終わったらパンケースをはずし、生地を取り出す。
5. 打ち粉(分量外)をふって生地を手で直径30cmの円に広げ、**B**を散らし、包むように丸めてパンケースに入れる。
6. 5を本体にセットし、ふたを閉める。焼き上がったら、網にのせてさます。

ドライフルーツはなんでもいいが、カラフルな色のものを使うと見た目がきれい。大きなものは薄切りにして。

食べ方アレンジ

*たっぷりシロップをかけて

砂糖、ブランデー、水を同量ずつ混ぜたシロップをたっぷりしみ込ませ、サバランのように仕立てたデザート。口の中に広がるほのかなアルコールで、リラックスできる大人の味に。

ごはんパンについての素朴なギモン

Q 1.5斤用のホームベーカリーでは？

難しく考える必要はありません。材料を1.5倍にすればいいだけです。パン生地はすべての材料が比率で決まっていますので、材料を一律に1.5倍にするようにします。

Q 焼き上がりのパン、理想的な形は？

高さが16～18cmくらいあり、山形にふくらんだものが理想です。小麦粉やイーストが古いとき、グルテン量が12～15%以外の小麦粉を使ったときは、ふくらみが足りないことがあります(写真左)。加える水や牛乳などの水分の温度が高かったり、量が多かったりしたときは、上部がへこんだ形になることがあります(写真中央)。また、焼き上がってからすぐに取り出さなかったり、粗熱をとるときに網の上に乗せなかったりしたときには、側面がへこんでしまうことがあります(写真右)。

Q 季節によって気をつけることって？

パン生地のこね上がる理想的な温度は26℃といわれますが、材料の温度、室温によってこね上がりの温度が変わり、発酵の状態も変わってきます。気温の高い夏は、こね上がりの温度が高く、発酵が早く進みますし、気温の低い冬はその逆。特に室温が25℃以上の夏場は、冷蔵庫で材料を冷やすといいでしょう。

Q 焼き上がりがいちばんおいしいの？

焼き上がってすぐは中がやわらかすぎ、生地がべちゃっとしていておいしさは感じられません。焼き上がってから網の上に1～2時間おくと、生地が落ち着いて、そのままでおいしくいただけます。このおいしさは4～5時間変わりませんが、それ以上おくときは、ポリ袋などに入れて乾燥を防ぎ、スライスしてから軽くトーストするとおいしくいただけます。

Q 上手にスライスする方法は？

焼き上がりの熱々の状態では、スライスしてもつぶれてしまいます。焼き上がってから網の上にのせて1～2時間おき、生地が落ち着いてからだとうまくいくはず。スライスするときは横に倒し、上から見ながら包丁を入れると、まっすぐに切りやすいので試してみて。普通の包丁でもかまいませんが、パン切り包丁があれば、切り口がきれいになります。

Q 食べきれないときの保存法は？

食べきれないパンは、1～2日以内に食べるなら、ポリ袋に入れて冷蔵庫で保存を。食べるときにスライスして、軽くトーストします。それ以上保存したいときは冷凍保存を。あらかじめスライスしてから1枚ずつラップで包み、ジッパー式の保存袋に入れて冷凍庫へ。食べる1時間くらい前に冷凍庫から出して自然解凍し、軽くトーストして食べるのがおすすめです。

PART 3

形をひとひねりした
アレンジ
ごはんパン

ホームベーカリーは、あの食パンの形にしか焼き上がらない？
いえいえ、ちょっとアイデアをこらせば、
ロール形、デニッシュ形、ちぎりパンなど、
作るのも、食べるのも楽しいアレンジパンが続々誕生！
途中で生地を取り出したら、ふたは開けたまま成形し、
戻してそのまま焼き上げればいいのです。
成形をいつまでに終わらせればいいのか、
その時間の目安も出してあるのでどうぞご参考に。
焼き上がったとき、切り分けたとき、
きっとみんなの歓声が聞けると思いますよ。

形をひとひねりしたアレンジごはんパン

ロールタイプ
具材を巻き込み、そのまま、あるいは切り分けて戻し、焼き上げます

いちごジャムのロールごはんパン

ジャムを塗って巻いた赤いうず巻きがおいしそう！ ゆるめのジャムはたれてくるので、煮詰めてから使います

材料（1斤分）

A
- ごはん（さましたもの）…120g（茶碗1杯分弱）
- 強力粉…180g
- 砂糖…30g
- 塩…2g
- スキムミルク…6g
- バター…15g
- 溶き卵…25g（約½個分）
- 牛乳…65g（65㎖）

インスタントドライイースト…3g
いちごジャム（よく煮詰めて固くする）…120g

作り方

1 パンケースに羽根を取りつけて**A**を入れ、本体にセットする。

2 ドライイーストをイースト容器に入れてふたを閉め、「食パン」メニューを選び、スタートする。

3 焼き上がり2時間前（一次発酵終了後）にパンケースをはずし、生地を取り出す。打ち粉（分量外）をふり、軽く押してガスを抜き、めん棒で25㎝四方にのばす。

4 手前3分の2に**1**を塗り、手前から巻く。

5 ジャムがはみ出さないよう、巻き終わりと両端の生地をつまむようにしてしっかり閉じる。バットにのせてラップをかけ、冷蔵庫で15分休ませる。

6 4等分に切り、切り口を上にして、羽根をはずしたパンケースに並べ入れる（ここで焼き上がりまで残り時間1時間30分）。

7 本体にセットし、ふたを閉める。焼き上がったら、網にのせてさます。

46

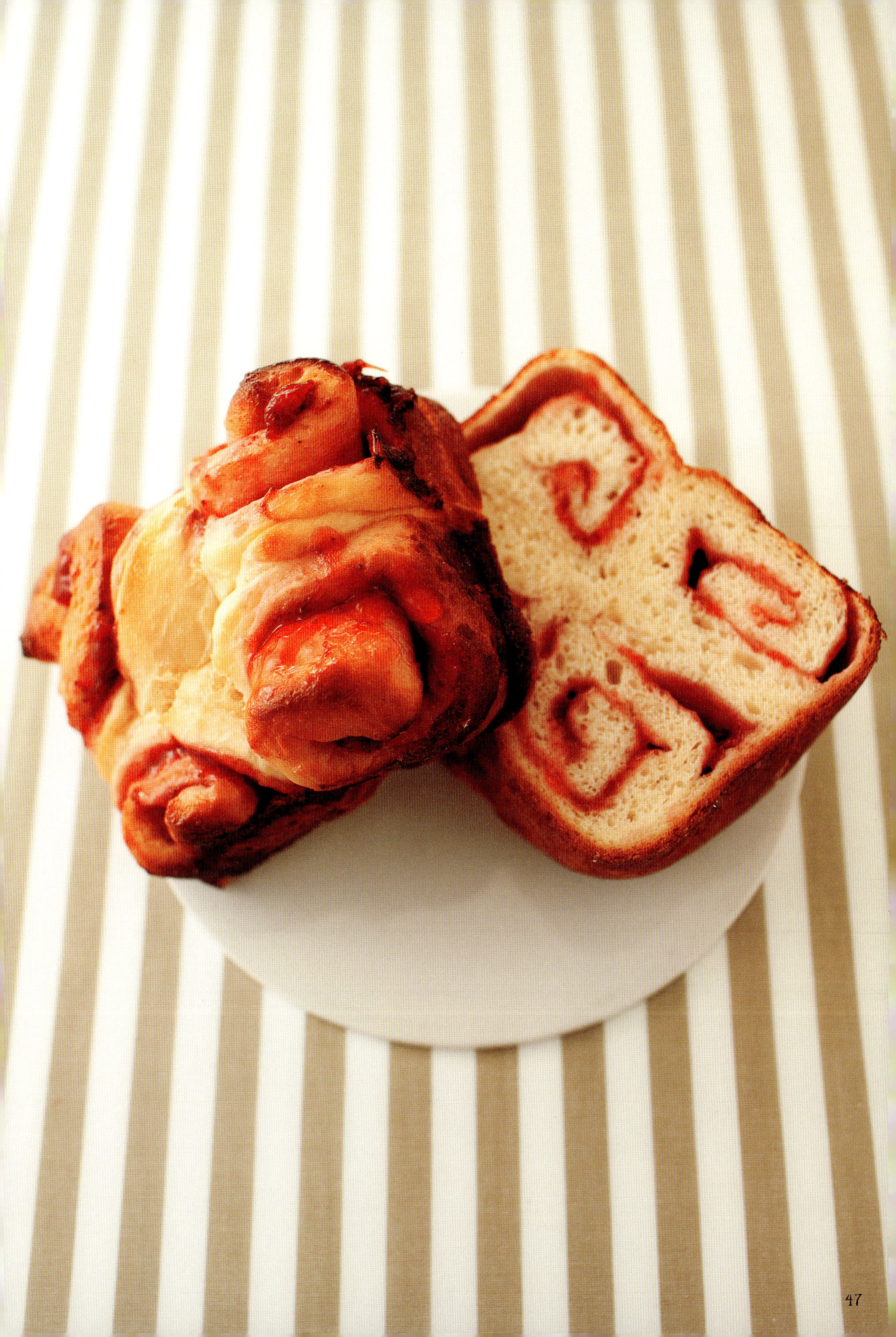

形をひとひねりしたアレンジごはんパン

アップルシナモンロールごはんパン

手間はかかりますが、それだけにケーキのようなゴージャス感。煮りんごは作りおきしておいても

材料（1斤分）

A
- ごはん（さましたもの）
  …100g（茶碗にごく軽く1杯分）
- 強力粉…130g
- 砂糖…20g
- 塩…2g
- スキムミルク…6g
- バター…15g
- 溶き卵…25g（約½個分）
- 牛乳…35g（35㎖）
- インスタントドライイースト…2g

B
- りんご（皮つきのまま1㎝角に切る）
  …1個（200g）
- レモン汁…小さじ1
- 砂糖…20g
- バター・レーズン…各30g
- 薄力粉…9g（大さじ1）

C
- シナモン…7g（大さじ1）
- グラニュー糖…25g（大さじ2弱）

フォンダン（粉砂糖50g、卵白大さじ½を混ぜる）

りんごとレーズンはあらかじめ煮ておく。ほうろう製の鍋か、なければフッ素樹脂加工の小さめのフライパンでも。

作り方

1. 煮りんごを作る。小鍋にバターを中火で熱し、薄力粉以外の**B**を加え、4～5分煮る。粗熱がとれたら薄力粉を加えて混ぜ合わせ、冷蔵庫で冷やす。
2. パンケースに羽根を取りつけて**A**を入れ、本体にセットする。
3. ドライイーストをイースト容器に入れてふたを閉め、「食パン」メニューを選び、スタートする。
4. 焼き上がり2時間前（一次発酵終了後）にパンケースをはずし、生地を取り出す。打ち粉（分量外）をふり、軽く押してガスを抜く。めん棒で25㎝四方にのばし、**C**を混ぜ合わせて全体にふる。
5. 手前3分の2に**1**を散らして手前から巻き、巻き終わりをしっかり閉じる。バットにのせてラップをかけ、冷蔵庫で15分休ませる。
6. 4等分に切り、切り口を上にして、羽根をはずしたパンケースに並べ入れる（ここで焼き上がりまで残り時間1時間30分）。
7. **6**を本体にセットし、ふたを閉める。焼き上がったら網にのせ、さめたらフォンダンをかける。

ブルーベリークリームチーズ
ロールごはんパン

おなじみのブルーベリーとクリームチーズを、よーく練り混ぜて塗りました。甘酸っぱさが広がります

材料（1斤分）

A
- ごはん（さましたもの）…120g（茶碗に1杯分弱）
- 強力粉…180g
- 砂糖…30g
- 塩…2g
- スキムミルク…6g
- バター…15g
- 溶き卵…25g（約½個分）
- 牛乳…65g（65mℓ）

インスタントドライイースト…3g

B
- ブルーベリージャム（よく煮詰めて固くする）…80g
- クリームチーズ（室温にもどしてよく練る）…50g

作り方

1. ボウルに**B**を入れてよく混ぜ合わせ、冷蔵庫で冷やす。
2. パンケースに羽根を取りつけて**A**を入れ、本体にセットする。
3. ドライイーストをイースト容器に入れてふたを閉め、「食パン」メニューを選び、スタートする。
4. 焼き上がり2時間前（一次発酵終了後）にパンケースをはずし、生地を取り出す。打ち粉（分量外）をふって軽く押してガスを抜き、めん棒で8×30cmにのばす。
5. 手前3分の2に**1**を塗って手前から巻き、巻き終わりをしっかり閉じたら、羽根をはずしたパンケースに横にした状態で入れる（ここで焼き上がりまで残り時間1時間30分）。
6. **5**を本体にセットし、ふたを閉める。焼き上がったら、網にのせてさます。

パンケースのサイズに合わせて生地を幅8cmにのばし、ブルーベリークリームチーズははみ出さないよう、手前3分の2に。

形をひとひねりしたアレンジごはんパン

のりチーズロールごはんパン

くっきり見えるぐるぐる模様の正体は、なんと焼きのり！しょっぱさがおいしいおにぎりのようなごはんパン

材料（1斤分）

A
- ごはん（さましたもの）…120g（茶碗1杯分弱）
- 強力粉…180g
- 砂糖…15g
- 塩…5g
- スキムミルク…6g
- バター…15g
- 溶き卵…25g（約½個分）
- 牛乳…65g（65ml）

- インスタントドライイースト…3g
- 焼きのり（全形・4等分に切る）…1枚
- スライスチーズ…4枚

作り方

1. パンケースに羽根を取りつけてAを入れ、本体にセットする。
2. ドライイーストをイースト容器に入れてふたを閉め、「食パン」メニューを選び、スタートする。
3. 焼き上がり2時間前（一次発酵終了後）にパンケースをはずし、生地を取り出す。打ち粉（分量外）をふり、軽く押してガスを抜く。8×30cmにのばしたら、表面に水（分量外）を塗り、のり、チーズをのせる。
4. 手前から巻き、巻き終わりをしっかり閉じたら、羽根をはずしたパンケースに横にした状態で入れる（ここで焼き上がりまで残り時間1時間30分）。
5. 4を本体にセットし、ふたを閉める。焼き上がったら、網にのせてさます。

のり、チーズともに、すきまができないよう、端を1〜2cm重ねながらのせるのがポイント。

ハムマスタード ロールごはんパン

人気のお総菜パンをモデルにロールごはんパンにアレンジ。マスタードの辛みと酸味がアクセントです

材料（1斤分）

A
- ごはん（さましたもの）…120g（茶碗1杯分弱）
- 強力粉…180g
- 砂糖…15g
- 塩…5g
- スキムミルク…6g
- バター…15g
- 溶き卵…25g（約½個分）
- 牛乳…65g（65mℓ）

インスタントドライイースト…3g
スライスハム…8枚
粒マスタード…大さじ2

丸い形のハムなら、端を2cmほど重ねてのせるとすきまができず、きれいな渦巻き状に焼き上がる。

作り方

1 パンケースに羽根を取りつけて**A**を入れ、本体にセットする。

2 ドライイーストをイースト容器に入れてふたを閉め、「食パン」メニューを選び、スタートする。

3 焼き上がり2時間前（一次発酵終了後）にパンケースをはずし、生地を取り出す。打ち粉（分量外）をふり、軽く押してガスを抜き、25cm四方にのばしたら、手前3分の2に粒マスタードを塗り、ハムを重ねながらのせる。

4 手前から巻き、巻き終わりをしっかり閉じる。4等分に切り、切り口を上にして、羽根をはずしたパンケースに並べ入れる（ここで焼き上がりまで残り時間1時間30分）。

5 4を本体にセットし、ふたを閉める。焼き上がったら、網にのせてさます。

形をひとひねりしたアレンジごはんパン

オリーブアンチョビロールごはんパン

クセの強いイタリアン食材を使ったら、塩けがほどよくきいた大人のごはんパンに。ぜひ、ワインといっしょに

材料（1斤分）

A
- ごはん（さましたもの）…120g（茶碗1杯分弱）
- 強力粉…180g
- 砂糖・バター…各15g
- 塩…5g
- スキムミルク…6g
- 溶き卵…25g（約½個分）
- 牛乳…65g（65㎖）

インスタントドライイースト…3g

B
- 黒オリーブ（種を除いて刻む）…10個（40g）
- アンチョビ（みじん切り）…20g（約3枚分）
- 粉チーズ…12g（大さじ2）

オリーブオイル…適量

作り方

1 パンケースに羽根を取りつけて**A**を入れ、本体にセットする。

2 ドライイーストをイースト容器に入れてふたを閉め、「食パン」メニューを選び、スタートする。

3 焼き上がり2時間前（一次発酵終了後）にパンケースをはずし、生地を取り出す。打ち粉（分量外）をふり、軽く押してガスを抜く。8×30㎝にのばし、表面にオリーブオイルを塗って、**B**を散らす。

4 手前から巻き、巻き終わりをしっかり閉じたら、羽根をはずしたパンケースに横にした状態で入れる（ここで焼き上がりまで残り時間1時間30分）。

5 **4**を本体にセットし、ふたを閉める。焼き上がったら、網にのせてさます。

アンチョビはかなり塩けが強いので、必ず刻んで。ものによって塩分が違うので、塩けがきつければ量を調節して。

松の実と練りごまの
ロールごはんパン

練りごまをジャムのように塗り、松の実とざらめを散らして巻き込みました。焼き上がりが香ばしい！

材料（1斤分）

A
- ごはん（さましたもの）…120g（茶碗1杯分弱）
- 強力粉…180g
- 砂糖…30g
- 塩…2g
- バター…15g
- スキムミルク…6g
- 溶き卵…25g（約½個分）
- 牛乳…65g（65㎖）

インスタントドライイースト…3g
白練りごま…45g（大さじ3）
松の実…20g
ざらめ…40g

作り方

1 パンケースに羽根を取りつけて **A** を入れ、本体にセットする。

2 ドライイーストをイースト容器に入れてふたを閉め、「食パン」メニューを選び、スタートする。

3 焼き上がり2時間前（一次発酵終了後）にパンケースをはずし、生地を取り出す。打ち粉（分量外）をふり、軽く押してガスを抜く。25㎝四方にのばしたら、手前3分の2に練りごまを塗り、松の実、ざらめを散らす。

4 手前から巻き、巻き終わりをしっかり閉じる。4等分に切り、切り口を上にして、羽根をはずしたパンケースに並べ入れる（ここで焼き上がりまで残り時間1時間30分）。

5 4を本体にセットし、ふたを閉める。焼き上がったら、網にのせてさます。

練りごまを塗り広げた上に松の実とざらめを散らすと、くっついて動かないので巻きやすい。

形をひとひねりしたアレンジごはんパン

ちぎりタイプ　生地を小さく分け、パンケースにランダムに戻して焼き上げます

桜あんちぎりごはんパン

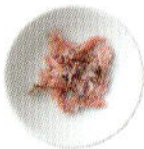

小さなあん入りのごはんパンが、びっしりくっついて焼き上がります。ひとつひとつの中にあんがぎっしり！

材料（8個分）

A
　ごはん（さましたもの）
　　…100g（茶碗にごく軽く1杯分）
　強力粉…130g
　砂糖…20g
　塩…2g
　桜の花の塩漬け（塩を洗い流してみじん切り）
　　…20g
　バター…15g
　溶き卵…25g（約½個分）
　牛乳…35g（35㎖）
インスタントドライイースト…2g
こしあん（市販品）…240g

作り方

1　こしあんは8等分にして丸め、冷蔵庫で冷やす。
2　パンケースに羽根を取りつけてAを入れ、本体にセットする。
3　ドライイーストをイースト容器に入れてふたを閉め、「食パン」メニューを選び、スタートする。 
4　焼き上がり2時間前（一次発酵終了後）にパンケースをはずし、生地を取り出す。打ち粉（分量外）をふり、軽く押してガスを抜き、8等分に切り分ける。 
5　ひとつひとつの生地を、表面がなめらかになるように丸める。生地が乾かないようにラップをかけておく。 
6　めん棒で直径10cmの円にのばす。 
7　あんをのせ、ひだを寄せながら包む。生地をつまむようにしてしっかり閉じ、閉じ目を下にして丸め直す。 
8　羽根をはずしたパンケースに、7を重ねて入れる（ここで焼き上がりまで残り時間1時間30分）。本体にセットし、ふたを閉める。焼き上がったら、網にのせてさます。

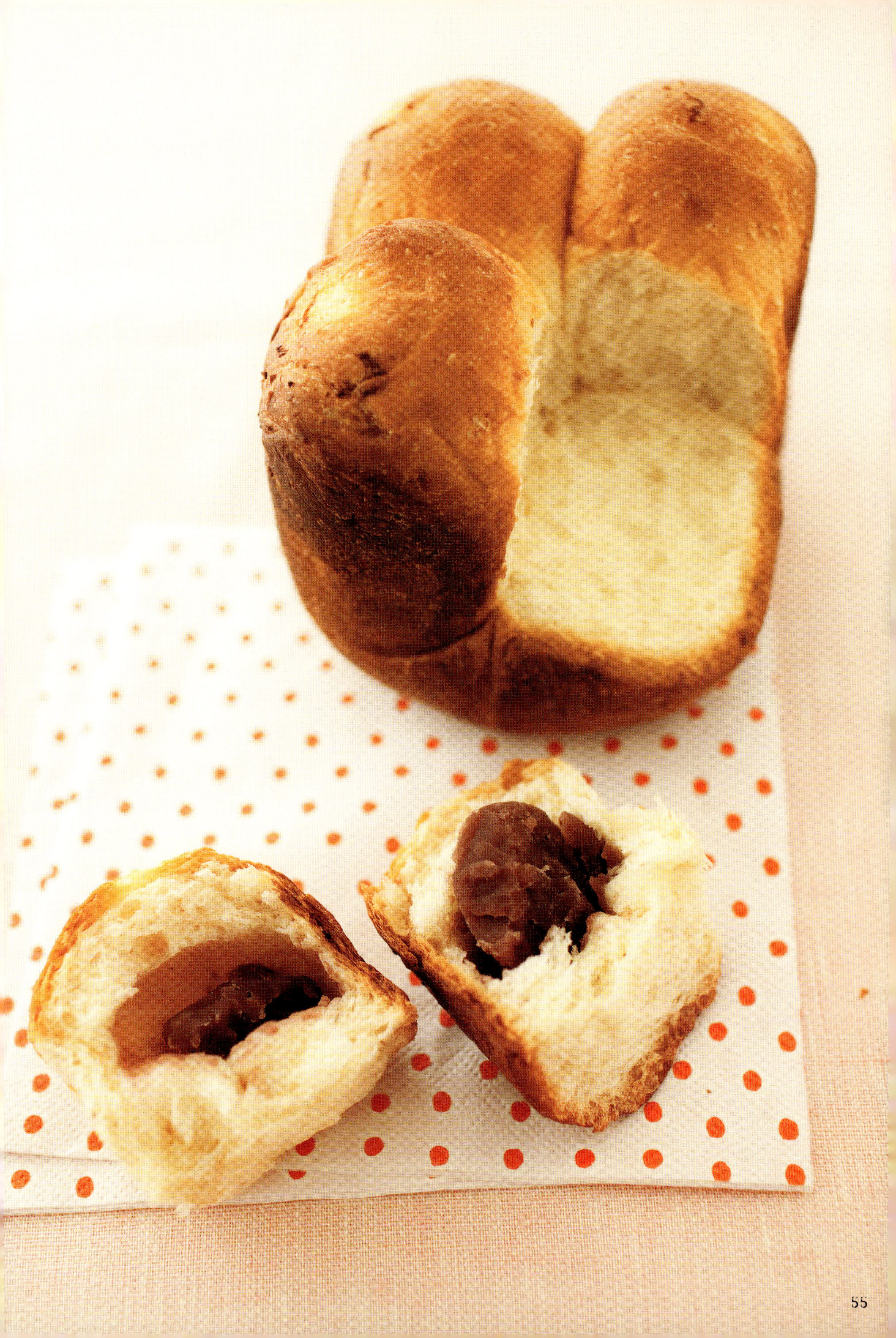

形をひとひねりしたアレンジごはんパン

ツナコーン
ちぎりごはんパン

お総菜パンでも人気の具材を詰めて、ちぎりタイプに。おかずもいっしょにとれるから、昼食にぴったり！

具材を真ん中にのせたら、周囲の生地を引っぱるようにしてひだを寄せながら集め、ねじって閉じる。

材料（8個分）

A
- ごはん（さましたもの）…100g（茶碗にごく軽く1杯分）
- 強力粉…130g
- 砂糖…15g
- 塩…2g
- スキムミルク…6g
- バター…10g
- 溶き卵…25g（約½個分）
- 水…35g（35mℓ）

インスタントドライイースト…2g

B
- ツナ缶（缶汁をしっかりきる）…小2缶
- ホールコーン缶（水けをきる）…60g
- 粉チーズ…6g（大さじ1）
- マヨネーズ…30g（大さじ2）
- 塩・こしょう…各少々

上にふるホールコーン…20g

作り方

1. **B**をよく混ぜ合わせ、8等分にして丸め、冷蔵庫で冷やす。
2. パンケースに羽根を取りつけて**A**を入れ、本体にセットする。
3. ドライイーストをイースト容器に入れてふたを閉め、「食パン」メニューを選び、スタートする。
4. 焼き上がり2時間前（一次発酵終了後）にパンケースをはずし、生地を取り出す。打ち粉（分量外）をふり、軽く押してガスを抜き、8等分に切ってそれぞれを丸める。
5. **4**をめん棒で直径10cmの円にのばし、**1**を包んで閉じ、閉じ目を下にして丸め直す。
6. 羽根をはずしたパンケースに**5**を入れ、上に水（分量外）を塗り、コーンを散らす（ここで焼き上がりまで残り時間1時間30分）。
7. **6**を本体にセットし、ふたを閉める。焼き上がったら、網にのせてさます。

ウインナーロールちぎりごはんパン

ウインナーを巻いた小さなロール形のごはんパンを、縦に入れて焼き上げます。甘めの生地がウインナーに合う！

材料（8個分）

A
- ごはん（さましたもの）
  …100g（茶碗にごく軽く1杯分）
- 強力粉…130g
- 砂糖…15g
- 塩…2g
- スキムミルク…6g
- バター…10g
- 溶き卵…25g（約½個分）
- 水…35g（35㎖）

インスタントドライイースト…2g
ウインナーソーセージ…8本

作り方

1. パンケースに羽根を取りつけてAを入れ、本体にセットする。
2. ドライイーストをイースト容器に入れてふたを閉め、「食パン」メニューを選び、スタートする。
3. 焼き上がり2時間前（一次発酵終了後）にパンケースをはずし、生地を取り出す。打ち粉（分量外）をふり、軽く押してガスを抜いたら、8等分に切る。
4. 3をそれぞれ長さ20～25cmの棒状にのばしてウインナーに巻きつけ、羽根をはずしたパンケースに縦に入れる（ここで焼き上がりまで残り時間1時間30分）。
5. 4を本体にセットし、ふたを閉める。焼き上がったら、網にのせてさます。

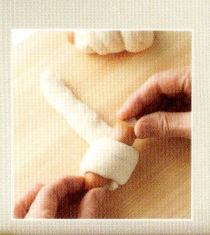

のばした生地をウインナーに少し斜めに巻きつけ、ウインナーをすっかり覆ってしまうように。

形をひとひねりしたアレンジごはんパン

ピロシキ風ちぎりごはんパン

油で揚げず、焼き上げただけのピロシキ風。生地のまわりに香ばしく煎ったパン粉をまぶしつけるのがコツ

材料（8個分）

A
- ごはん（さましたもの）
  …100g（茶碗にごく軽く1杯分）
- 強力粉…130g
- 砂糖…15g
- 塩…2g
- スキムミルク…6g
- バター…10g
- 溶き卵…25g（約½個分）
- 水…35g（35㎖）

インスタントドライイースト…2g

- ミートソース（缶詰）…200g
- 薄力粉…30g（大さじ3強）

パン粉（から煎りする）…30g
サラダ油…適量

作り方

1. ミートソースに薄力粉を加えて混ぜ、8等分にして丸め、冷蔵庫で冷やす。
2. パンケースに羽根を取りつけて**A**を入れ、本体にセットする。
3. ドライイーストをイースト容器に入れてふたを閉め、「食パン」メニューを選び、スタートする。
4. 焼き上がり2時間前（一次発酵終了後）にパンケースをはずし、生地を取り出す。打ち粉（分量外）をふり、軽く押してガスを抜き、8等分に切ってそれぞれを丸める。
5. 4をめん棒で直径10㎝の円にのばして1をのせ、ひだを寄せながら包み、生地をつまむようにして閉じる。閉じ目を下にして、ラグビーボール状に丸め直す。
6. 5にサラダ油をまぶしてパン粉をつけ、羽根をはずしたパンケースに縦に入れる（ここで焼き上がりまで残り時間1時間30分）。
7. 6を本体にセットし、ふたを閉める。焼き上がったら、網にのせてさます。

油で揚げず、焼くだけのピロシキなので、まぶすパン粉は香ばしくから煎りしておく。

モンキーごはんパン

丸めた生地をひとつひとつシロップにくぐらせ、パンケースに入れていく。このときレーズンもいっしょに。

お猿さんの頭のようだから、とこの名が。ひとつひとつをシロップにまぶしてから焼くので、甘くておいしい！

材料（16個分）

A
- ごはん（さましたもの）…120g（茶碗1杯分弱）
- 強力粉…180g
- 砂糖…20g
- 塩…2g
- バター…15g
- 溶き卵…25g（約½個分）
- 牛乳…65g（65㎖）

インスタントドライイースト…3g

B
- バター…30g
- 砂糖・レーズン…各20g
- ラム酒…15g（15㎖）

作り方

1. シロップを作る。耐熱ガラス容器に B のバター、砂糖を入れ、ふんわりとラップをかけて電子レンジで30秒〜1分加熱し、ラム酒、レーズンを加えて混ぜ合わせる。パンケースに羽根を取りつけて A を入れ、本体にセットする。
2. ドライイーストをイースト容器に入れてふたを閉め、「食パン」メニューを選び、スタートする。
3. 焼き上がり2時間前（一次発酵終了後）にパンケースをはずし、生地を取り出す。打ち粉（分量外）をふり、軽く押してガスを抜き、16等分に切ってそれぞれを丸める。
4. 3に1をまぶしながら、羽根をはずしたパンケースに入れる（ここで焼き上がりまで残り時間1時間30分）。本体にセットしてふたを閉め、焼き上がったら網にのせてさます。

形をひとひねりしたアレンジごはんパン

3色ミックス ちぎりごはんパン

中からどのクリームが出てくるかはお楽しみ！ ベースのカスタードクリームも電子レンジで簡単に作れます

材料（9個分）

A
- ごはん（さましたもの）…100g（茶碗にごく軽く1杯分）
- 強力粉…130g
- 砂糖…20g
- 塩…2g
- バター…15g
- 溶き卵…25g（約½個分）
- 牛乳…35g（35㎖）

インスタントドライイースト…2g

●カスタードクリーム
- 卵黄…40g（約2個分）
- 砂糖…45g
- 薄力粉・片栗粉…各3g（各小さじ1）
- 牛乳…150g（150㎖）
- バター…15g
- バニラエッセンス…適宜

ココア…6g（大さじ1）
ピーナッツバター…40g

作り方

1. カスタードクリームを作る。耐熱ガラスボウルに卵黄、砂糖を入れて泡立て器でよく混ぜ、薄力粉、片栗粉を加えて混ぜ合わせ、粉っぽさがなくなったら牛乳を加えて混ぜ合わせる。ふんわりとラップをかけ、電子レンジで2分加熱し、取り出して泡立て器でよく混ぜる。さらに1分30秒加熱してよく混ぜたら、すぐにバター、バニラエッセンスを加えて混ぜ合わせ、空気にふれないようにラップで落としぶたをしたまま粗熱をとる。

2. チョコレートクリームは、**1**の90gにココアを混ぜて作る。ピーナッツクリームは、**1**の50gにピーナッツバターを混ぜて作る。

3. **1**、**2**をそれぞれ3等分にして丸め、冷蔵庫で冷やす。

4. パンケースに羽根を取りつけて**A**を入れ、本体にセットする。

5. ドライイーストをイースト容器に入れてふたを閉め、「食パン」メニューを選び、スタートする。

6. 焼き上がり2時間前（一次発酵終了後）にパンケースをはずし、生地を取り出す。打ち粉（分量外）をふり、軽く押してガスを抜き、9等分に切ってそれぞれを丸める。

7. **6**をめん棒で直径10㎝の円にのばし、**3**をのせ、ひだを寄せながら包む。生地をつまむようにして閉じ、閉じ目を下にして丸め直す。

8. 羽根をはずしたパンケースに、**7**を入れる（ここで焼き上がりまで残り時間1時間30分）。本体にセットしてふたを閉め、焼き上がったら網にのせてさます。

ベースのカスタードクリームは何回か混ぜて作るが、そのつど素早く混ぜるのが最大のコツ。

チョコレートとピーナッツのクリームは、ベースのカスタードクリームに混ぜて作るので、3種類といっても作るのは簡単。

形をひとひねりしたアレンジごはんパン

デニッシュタイプ　バターをシート状にして生地に折り込み、層を作って焼き上げます

チョコレートデニッシュごはんパン

ココア入りのバターシートを折り込めば、美しいチョコの層に！ もっちり、ふわふわに、サクサクの食感がプラス

材料（1斤分）

A
- ごはん（さましたもの）…150g（茶碗1杯分）
- 強力粉…180g
- 薄力粉…20g
- 砂糖…45g
- 塩…3g
- バター…25g
- 溶き卵…25g（約½個分）
- 牛乳…75g（75㎖）

インスタントドライイースト…3g

B
- バター（室温にもどす）…70g
- ココア…6g（大さじ1）
- 砂糖…15g

作り方

1. チョコレートシートを作る。ボウルに**B**を入れ、よく混ぜ合わせる。15㎝角のクッキングペーパーではさみ、厚さが均一になるようにのばし、冷蔵庫で冷やす。
2. パンケースに羽根を取りつけ**A**を入れ、本体にセットする。
3. ドライイーストをイースト容器に入れ、「食パン」メニューを選び、スタートする。

いちばん最初にシートを作る。クッキングペーパーいっぱいに混ぜた材料をのばし、そのままよく冷やして固める。

4. 焼き上がり2時間前（一次発酵終了後）にパンケースをはずし、生地を取り出す。打ち粉（分量外）をふり、軽く押してガスを抜き、めん棒で25㎝四方にのばす。

5 1をひし形になる角度で真ん中にのせる。

6 空気が入らないよう、生地をたたんでシートを包む。

7 めん棒で30㎝四方にのばして三つ折りにし、バットにのせてラップをかけ、冷蔵庫で15分休ませる。

8 7を4等分に切る。それぞれの真ん中に切り目を入れ、端をくぐらせて手綱状にする。

9 羽根をはずしたパンケースに、8を並べ入れる（ここで焼き上がりまで残り時間1時間30分）。本体にセットしてふたを閉め、焼き上がったら網にのせてさます。

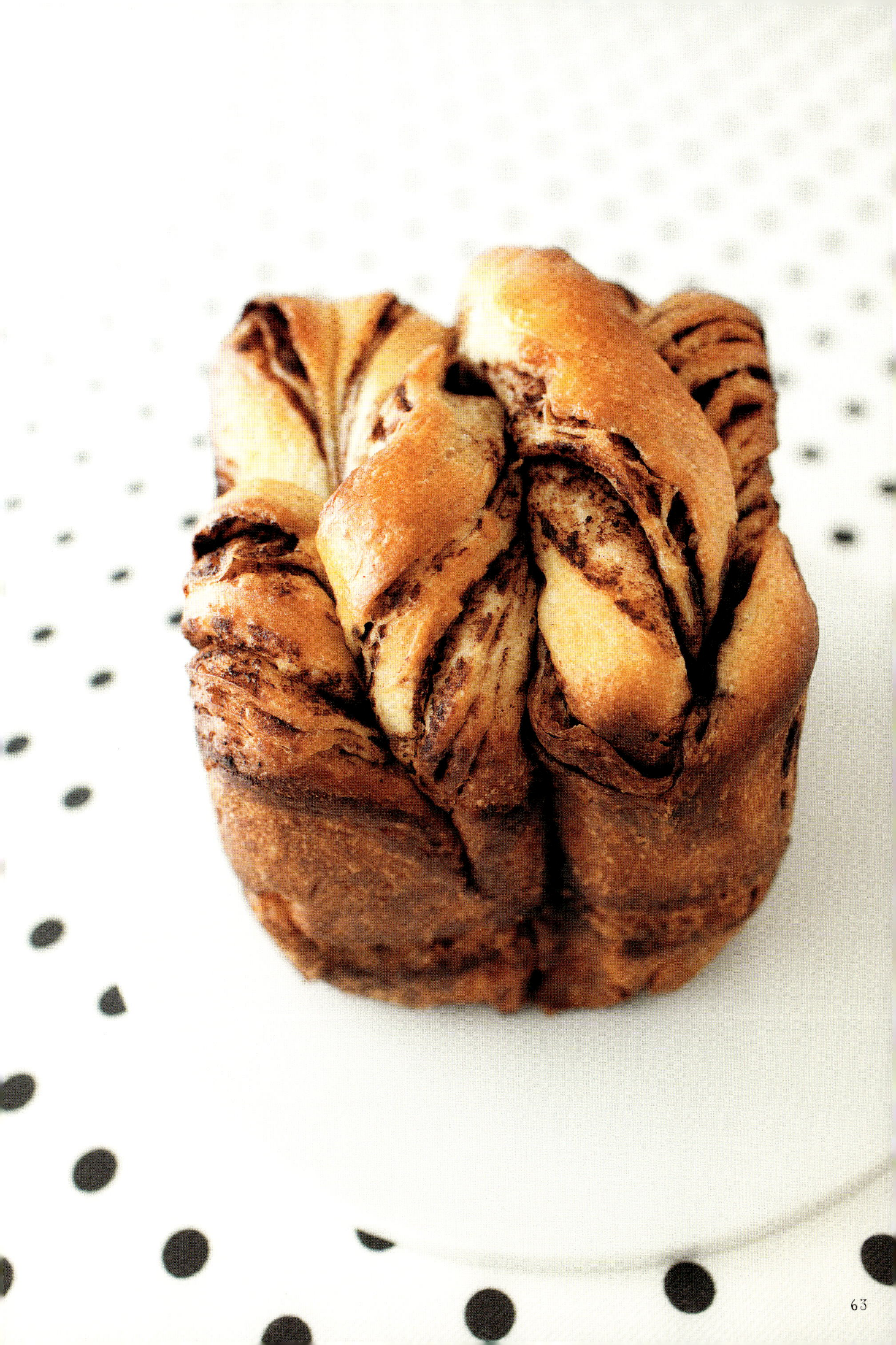

形をひとひねりしたアレンジごはんパン

バター デニッシュごはんパン

シンプルなバターだけのデニッシュは、折り込む回数を増やして。お店で売ってるみたいな仕上がりに感激！

材料（1斤分）

A
- ごはん（さましたもの）…150g（茶碗1杯分）
- 強力粉…180g
- 薄力粉…20g
- 砂糖…45g
- 塩…3g
- バター…25g
- 溶き卵…25g（約½個分）
- 牛乳…75g（75mℓ）

インスタントドライイースト…3g
バター（室温にもどす）…80g

合計で3回折って生地の層を作ったら、最後は20cm幅にのばして。手前から巻き、切ってパンケースへ。

作り方

1. チョコレートデニッシュごはんパン（p.62）の作り方1の要領でバターシートを準備する。
2. パンケースに羽根を取りつけて**A**を入れ、本体にセットする。
3. ドライイーストをイースト容器に入れてふたを閉め、「食パン」メニューを選び、スタートする。
4. 焼き上がり2時間前（一次発酵終了後）にパンケースをはずし、生地を取り出す。打ち粉（分量外）をふり、軽く押してガスを抜き、めん棒で25cm四方にのばす。
5. チョコレートデニッシュごはんパン（p.62）の作り方5〜7の要領で三つ折りにする。
6. 生地を90度回転させ、さらに30cm四方にのばして、三つ折りにする。もう一度90度回転させて20cm幅にのばし、手前から丸める。
7. バットにのせてラップをかけ、冷蔵庫で15分休ませる。
8. 7を4等分に切り、羽根をはずしたパンケースに切り目が上になるように並べ入れる（ここで焼き上がりまで残り時間1時間30分）。
9. 8を本体にセットし、ふたを閉める。焼き上がったら、網にのせてさます。

オレンジ デニッシュごはんパン

フレッシュオレンジを使っているので、香りが違う！ バターたっぷりの生地に柑橘系がさわやかにマッチ

材料（1斤分）

A
- ごはん（さましたもの）…150g（茶碗1杯分）
- 強力粉…180g
- 薄力粉…20g
- 砂糖…45g
- 塩…3g
- バター…25g
- 溶き卵…25g（約½個分）
- オレンジの搾り汁…75g（75mℓ）

インスタントドライイースト…3g

B
- バター（室温にもどす）…70g
- オレンジの皮のすりおろし…1個分
- 砂糖…15g

作り方

1. チョコレートデニッシュごはんパン（p.62）の作り方1の要領でオレンジシートを準備する。
2. パンケースに羽根を取りつけて**A**を入れ、本体にセットする。
3. ドライイーストをイースト容器に入れてふたを閉め、「食パン」メニューを選び、スタートする。
4. 焼き上がり2時間前（一次発酵終了後）にパンケースをはずし、生地を取り出す。打ち粉（分量外）をふり、軽く押してガスを抜き、めん棒で25cm四方にのばす。
5. チョコレートデニッシュごはんパン（p.62）の作り方5〜8の要領で生地を手綱にし、羽根をはずしたパンケースに並べ入れる（ここで焼き上がりまで残り時間1時間30分）。
6. 本体にセットし、ふたを閉める。焼き上がったら、網にのせてさます。

バターデニッシュごはんパン　　　　　　オレンジデニッシュごはんパン

形をひとひねりしたアレンジごはんパン

ペッパーデニッシュごはんパン

粒こしょうをたっぷりきかせたスパイシーな大人の味わい。香りのよさとほどよい刺激に、新鮮さが

材料 (1斤分)

A
- ごはん(さましたもの)…150g(茶碗1杯分)
- 強力粉…180g
- 薄力粉…20g
- 砂糖…45g
- 塩…3g
- バター…25g
- 溶き卵…25g(約½個分)
- 牛乳…75g(75㎖)

インスタントドライイースト…3g

B
- バター(室温にもどす)…80g
- 粗びき黒こしょう…小さじ½
- 粒こしょう(黒・赤)…小さじ1〜2

作り方

1. チョコレートデニッシュごはんパン(p.62)の作り方1の要領でペッパーシートを準備する。
2. パンケースに羽根を取りつけてAを入れ、本体にセットする。
3. ドライイーストをイースト容器に入れてふたを閉め、「食パン」メニューを選び、スタートする。
4. 焼き上がり2時間前(一次発酵終了後)にパンケースをはずし、生地を取り出す。打ち粉(分量外)をふり、軽く押しくガスを抜き、めん棒で25㎝四方にのばす。
5. チョコレートデニッシュごはんパン(p.62)の作り方5〜7の要領で、生地を三つ折りにする。
6. 生地を90度回転させ、さらに30㎝四方にのばして、三つ折りにする。もう一度90度回転させて20㎝幅にのばし、手前から丸める。
7. バットにのせて、ラップをかけ、冷蔵庫で15分休ませる。
8. 7を4等分に切り、羽根をはずしたパンケースに切り目が上になるように並べ入れる(ここで焼き上がりまで残り時間1時間30分)。
9. 8を本体にセットし、ふたを閉める。焼き上がったら、網にのせてさます。

PART 4

こねだけおまかせ 成形 ごはんパン

ホームベーカリーはパンこね機としても優秀。
ごはんをまんべんなく混ぜるのは
手ごねだと大変ですが、機械まかせなら超ラク！
生地作りメニューで生地ができたら、
自由にいろいろなごはんパンを作ってみて。
蒸しパン、中華まん、ピザ、ドーナッツなど、
どれも今までとは違う味と食感に感激するはず！
もちもち感、しっとり感が生きる
とっておきのレシピをご紹介します。

こねだけおまかせ成形ごはんパン

もっちりバターロール

小麦粉だけのものとは違って、ふんわりしているのにもっちり。1個でも食べごたえ満点！ 3種の成形でご紹介

材料（9個分）

A
- ごはん（さましたもの）…150g（茶碗1杯分）
- 強力粉…200g
- 砂糖…45g
- 塩…3g
- バター…25g
- 溶き卵…25g（約½個分）
- 牛乳…75g（75㎖）

インスタントドライイースト…3g

作り方

1 パンケースに羽根を取りつけて**A**を入れ、本体にセットする。

2 ドライイーストをイースト容器に入れ、「パン生地」メニューを選び、スタートする。

3 生地ができたら、打ち粉（分量外）をふったまな板などに取り出し、ひとまとめにしてから9等分に切る。

4 **3**をそれぞれ丸める。生地が乾かないようにラップをかけておく。

5-A 成形する。
3つは生地を張らせながら閉じ目を下にして、ボール状に丸め直す。

5-B 3つは閉じ目を下にして、手のひらで転がしながらラグビーボール状に丸め直す。

5-C 3つは底辺7㎝×高さ15㎝の三角形にのばし、底辺のほうから巻く。

6 クッキングペーパーを敷いた天板に**5**を並べ、霧を吹いて40〜60分二次発酵させる。2倍にふくらめばよい（オーブンの発酵機能を利用するか、暖かいところに置く）。

7 **5-B**のみ、キッチンばさみで切り込みを入れ、全体に溶き卵を塗る。190℃のオーブンで12〜15分、焼き色がつくまで焼く。焼き上がったら、網にのせてさます。

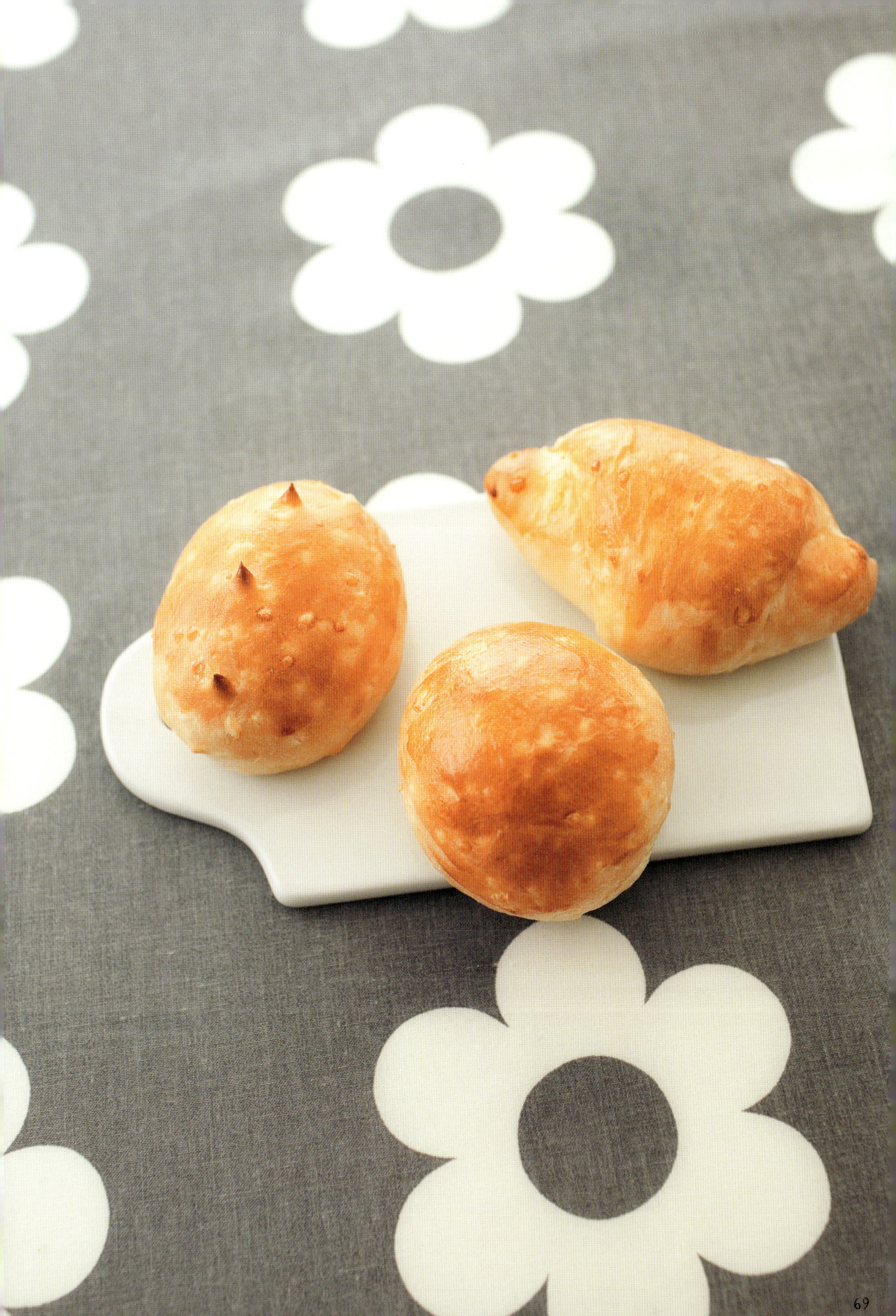

こねだけおまかせ成形ごはんパン

ごはん入りポンデケージョ

もともと、もちもちさが売りのパンですが、ごはん入りだとパワーアップ！　いくつでもいけちゃうおいしさ

材料（12個分）

A
　ごはん（さましたもの）
　　…100g（茶碗にごく軽く1杯分）
　強力粉…70g
　白玉粉…85g
　砂糖…15g
　塩…3g
　ピザ用チーズ…50g
　牛乳…100g（100㎖）

インスタントドライイースト…2g

作り方

1　パンケースに羽根を取りつけて**A**を入れ、本体にセットする。
2　ドライイーストをイースト容器に入れ、「ピザ生地」メニューを選び、スタートする。
3　生地ができたら、打ち粉（分量外）をふったまな板に取り出し、12等分に切る。それぞれを閉じ目を下にしてボール状に丸め、強力粉（分量外）をまぶす。
4　クッキングペーパーを敷いた天板に、**3**を並べる。
5　180℃のオーブンで、13〜15分焼く。焼き上がったら、網にのせてさます。

もちもちベーグル

ベーグルのどっしり感、もちもち感はそのままに、ふんわり＆しっとり感がプラス！

材料(6個分)

A
- ごはん(さましたもの)…150g(茶碗1杯分)
- 強力粉…180g
- 薄力粉…20g
- 砂糖…15g
- 塩…5g
- サラダ油…15g
- 水…100g(100ml)

インスタントドライイースト…3g
溶き卵…適宜

ベーグル特有のもちもち感は、ゆでる工程で引き出される。ぐらぐらと沸騰させず、静かな煮立ちの湯で両面を計1分ゆでて。

作り方

1. パンケースに羽根を取りつけて**A**を入れ、本体にセットする。
2. ドライイーストをイースト容器に入れ、「パン生地」メニューを選び、スタートする。
3. 10cm角のクッキングペーパーを6枚用意する。生地ができたら、打ち粉をふったまな板に取り出し、6等分に切る。
4. **3**をそれぞれ25cm長さの棒状にのばす。片方の端2cmを平らにしてくっつけて輪にし、**3**のペーパーにのせる。
5. 天板に並べて霧を吹き、40〜60分二次発酵をさせる。2倍にふくらめばよい(オーブンの発酵機能を利用するか、暖かいところに置く)。
6. 鍋に熱湯3カップ、砂糖大さじ2(それぞれ分量外)を入れて弱火で熱し、**5**をペーパーごと入れ、ペーパーをはがして表裏30秒ずつゆでる。
7. 水けをよくきり、クッキングペーパーを敷いた天板に並べ、全体に溶き卵を塗る。
8. 190℃のオーブンで、13〜14分焼く。焼き上がったら、網にのせてさます。

もっちり豚まん

ごはん入り生地は、中華まんの皮にもぴったり。食べごたえが増して、具のボリューム感としっくりきます

材料（8個分）

A
- ごはん（さましたもの）…150g（茶碗1杯分）
- 強力粉・薄力粉…各100g
- 砂糖…10g
- 塩…5g
- ごま油…15g
- 水…100g（100㎖）

インスタントドライイースト…3g

B
- 豚ひき肉…200g
- ゆでたけのこ（みじん切り）…50g
- 生しいたけ（みじん切り）…2枚
- 長ねぎ（みじん切り）…10㎝分
- しょうゆ・酒・ごま油…各大さじ1
- 砂糖…小さじ1
- 塩・こしょう…適量

作り方

1. 肉あんを作る。ボウルに**B**を入れてよく練り混ぜ、8等分にして丸め、冷蔵庫で冷やす。
2. パンケースに羽根を取りつけて**A**を入れ、本体にセットする。
3. ドライイーストをイースト容器に入れ、「パン生地」メニューを選び、スタートする。
4. 5㎝角のクッキングペーパーを8枚用意する。
5. 生地ができたら、打ち粉（分量外）をふったまな板に取り出し、8等分に切る。それぞれ直径10㎝の円にのばし、**1**を包んで閉じ、**4**のペーパーにのせる。
6. 蒸気の上がった蒸し器に並べ、強火で13〜15分蒸す。蒸し上がったら、網にのせてさます。

肉あんを真ん中にのせたら、周囲の生地を引っぱるようにひだを寄せながら中央に集め、きゅっとねじってしっかり閉じる。

蒸しごはんパン

卵がたっぷり入ったやさしい甘さ。ふんわりしているのにかみごたえがあって、お腹にたまるおやつです

材料 (8個分)

A
- ごはん(さましたもの)…150g(茶碗1杯分)
- 強力粉・薄力粉…各100g
- 砂糖…50g
- 塩…3g
- スキムミルク…18g
- バター…30g
- 溶き卵…100g(約2個分)

インスタントドライイースト…3g
黒いりごま…適量

作り方

1. パンケースに羽根を取りつけて**A**を入れ、本体にセットする。
2. ドライイーストをイースト容器に入れ、「パン生地」メニューを選び、スタートする。
3. 5cm角のクッキングペーパーを8枚用意する。
4. 生地ができたら、打ち粉(分量外)をふったまな板に取り出し、8等分に切る。
5. **4**をそれぞれ閉じ目を下にしてボール状に丸め直し、**3**のペーパーにのせる。真ん中に水をつけ、黒いりごまをのせる。
6. 蒸気の上がった蒸し器に並べ、強火で12〜13分蒸す。蒸し上がったら、網にのせてさます。

こねだけおまかせ成形ごはんパン

ごはんピザ

「ピザ生地」メニューで作ります。カリッと焼けているのに、中はふわっふわで、超しっとり！ 初めての食感です

材料（直径22cmのもの2枚分）

A
| ごはん（さましたもの）…150g（茶碗1杯分）
| 強力粉…200g
| 砂糖…10g
| 塩…5g
| オリーブオイル…25g
| 水…100g（100ml）

インスタントドライイースト…3g

マルゲリータ（2枚分）
| ピザソース（市販品）…大さじ6
| ミニトマト（半分に切る）…8個
| モッツァレラチーズ（1cm厚さに切る）
| …2個（200g）
| バジルの葉…15～16枚

ガーリックオニオン（2枚分）
| 玉ねぎ（みじん切り）…½個
| サラミ（みじん切り）…100g
| にんにく（みじん切り）…2かけ
| 粉チーズ…½カップ（40g）
| オリーブオイル…大さじ4
| 塩・こしょう…各少々

作り方

1 パンケースに羽根を取りつけて**A**を入れ、本体にセットする。
2 ドライイーストをイースト容器に入れ、「ピザ生地」メニューを選び、スタートする。
3 クッキングペーパーを直径25cmの円に切る。
4 生地ができたら、打ち粉（分量外）をふったまな板に取り出し、2等分に切る。それぞれを丸め、**3**のペーパーにのせ、めん棒でペーパーいっぱいにのばす。
5 マルゲリータはピザソースを塗り、チーズ、トマトの順にのせる。ガーリックオニオンは、玉ねぎ、サラミ、にんにく、粉チーズを混ぜ合わせて広げ、塩・こしょうをふり、オリーブオイルをかける。
6 220℃のオーブンで15～18分、焼き色がつくまで焼く。

やわらかめの生地なので、のばしてからクッキングペーパーにのせるのではなく、のせてからのばすほうが作業しやすい。

こねだけおまかせ成形ごはんパン

ふわふわフォカッチャ

イタリアンではおなじみ。シンプルな生地のおいしさを味わうものだけに、ごはんの甘みがひときわ生きます

材料（4枚分）

A
ごはん（さましたもの）…150g（茶碗1杯分）
強力粉…200g
砂糖…10g
塩…5g
オリーブオイル…25g
水…100g（100㎖）

インスタントドライイースト…3g
岩塩・粗びき黒こしょう・オリーブオイル
　…各適量

作り方

1. パンケースに羽根を取りつけて**A**を入れ、本体にセットする。
2. ドライイーストをイースト容器に入れ、「ピザ生地」メニューを選び、スタートする。
3. 生地ができたら、打ち粉をふったまな板に取り出し、4等分に切る。それぞれ丸め、12×16cmで1cm厚さの楕円状にのばす。
4. 3をクッキングペーパーを敷いた天板にのせ、指で穴をあけ、オリーブオイルを塗って岩塩、こしょうを散らす。
5. 190℃のオーブンで12〜15分、焼き色がつくまで焼く。

表面に開いた穴が特徴のフォカッチャ。この穴は、人さし指を突き刺すだけ。生地を貫通しないように注意して。

もちもちチーズカルツォーネ

いろいろな具材を包んで焼き上げるイタリアのおかずパン。もちもち生地にとろ〜りチーズが最高の相性です

材料（4個分）

A
- ごはん（さましたもの）…150g（茶碗1杯分）
- 強力粉…200g
- 砂糖…10g
- 塩…5g
- オリーブオイル…25g
- 水…100g（100ml）

インスタントドライイースト…3g
好みのチーズ（カマンベール、ブルーチーズ、モッツァレラチーズなど・ざく切り）…計240g

作り方

1. パンケースに羽根を取りつけて**A**を入れ、本体にセットする。
2. ドライイーストをイースト容器に入れ、「ピザ生地」メニューを選び、スタートする。
3. 生地ができたら、打ち粉（分量外）をふったまな板に取り出し、4等分に切る。それぞれを丸め、直径15cmの円にのばす。
4. 奥半分にチーズを4分の1量ずつのせ、周囲に水をつけ、半分に折って閉じる。さらに縁の生地をひっぱってねじりながら巻く。
5. 4をクッキングペーパーを敷いた天板に並べ、190℃のオーブンで13〜14分焼く。焼き上がったら網にのせてさます。

生地の縁を内側に巻き込むようにねじっていく。しっかり閉じられるうえ、縄のような模様になってアクセントに。

こねだけおまかせ成形ごはんパン

もっちりドーナッツ

定番のドーナッツもごはん入り生地で作ると新境地。外はカリッと揚がって中はもっちもちです！

材料 (6個分)

A
　ごはん（さましたもの）…150g（茶碗1杯分）
　強力粉…180g
　薄力粉…20g
　砂糖…30g
　塩…3g
　スキムミルク…12g
　バター…20g
　溶き卵…50g（約1個分）
　牛乳…50g（50㎖）
インスタントドライイースト…3g
揚げ油・グラニュー糖…各適量

作り方

1 パンケースに羽根を取りつけて **A** を入れ、本体にセットする。
2 ドライイーストをイースト容器に入れ、「パン生地」メニューを選び、スタートする。
3 10㎝角のクッキングペーパーを6枚用意する。
4 生地ができたら、打ち粉（分量外）をふったまな板に取り出し、ひとまとめにしてから6等分に切る。
5 成形する。リング形は、25㎝長さの棒状にのばし、片方の端を平らにしてくっつけ、輪にする。ツイスト形は、30㎝長さの棒状にのばし、半分に折ってねじる。それぞれ **3** のペーパーにのせる。
6 **5** を天板に並べて霧を吹き、40～60分二次発酵させる。2倍にふくらめばよい（オーブンの発酵機能を利用するか、暖かいところに置く）。
7 揚げ油を低温（160℃）に熱し、**6** をペーパーごと入れる。ペーパーをはがし、ときどき裏返しながらきつね色になるまで8～10分揚げ、熱いうちにグラニュー糖をまぶす。

リング形は、生地の片方の端を2㎝ほど平らにし、もう一方の端を包むようにしてくっつけるといい。

ツイスト形は、長くした生地を中央で折って2本にし、これをねじりながらからませて作る。

村田裕子 むらたゆうこ

料理研究家、管理栄養士。
大学で和食、洋食、中華の基礎、および栄養学を学ぶ。女性誌の編集者から、かねてから念願の料理家へ転身。ジャンルを問わずこなし、企画力、提案力のあるレシピには定評がある。テレビ、雑誌、新聞などの仕事のかたわら、家電メーカーや食品会社のアドバイザー、専門学校の講師も務める。また、管理栄養士としても活動の場を広げている。本書は、注目が集まり始めた「ごはん入りパン」をいち早く発表した画期的なレシピ本である。
http://www.yukomurata.com

撮影　　　　松島 均
デザイン　　阪戸美穂　堀いずみ
スタイリング　諸橋昌子
料理アシスタント　小野寺千歳
企画・編集　野沢恭恵

協力　パナソニック株式会社
http://panasonic.jp

残りごはんでおいしいパン作り！
ホームベーカリーでもっちりふわふわ
ごはんパン

Printed in Japan

著者　村田裕子
発行　株式会社 二見書房
　　　東京都千代田区三崎町 2-18-11
　　　電話 03 (3515) 2311 [営業]
　　　　　 03 (3515) 2313 [編集]
振替　00170-4-2639
印刷・製本　図書印刷株式会社

ⓒ Yuko Murata

落丁・乱丁本はお取り替えいたします。
定価・発行日はカバーに表示してあります。

ISBN978-4-576-11086-8
http://www.futami.co.jp